不買房當房東

輕資產包租，建立可愛的第二收入，年投報率40％！

Tody
陶迪

——

著

此書獻給所有成就我租房事業的夥伴——

屋主們、租客們、和所有工班師傅們。

學員心得分享

老師上課的內容，對初學者來說簡單明瞭，原來還有一個這麼平凡及多變的方式，來創造現金流，做一個斜槓人生，提早完成財務自由。——簡○燮

Tody 老師比較隔套和二房東的成本後，我被震撼了。同樣一筆錢，二房東的做法可以帶來較多的經驗，了解這個概念讓我非常興奮。雖然我早就知道二房東的概念，但思考 Tody 老師的先修課程的概念後發現，咦，我身邊就很多很有潛力的房子啊！——蔡○超

老師的課程讓大家認識清楚：不要當投資客炒房，只做二房東的方法，提供市場上更多優質的物件，不僅是讓房東＋二房東＋租客三贏的方法，而且也是符合居住正義的潮流！—— Claymens Lee

對於想往房地產投資的首購族來說，這樣的投資方式風險低，回收穩定，最重要的是，教導方式及內容非常精確，值得推薦！——謝○欣

我是去年 11 月的學生，上課到現在已經過了一年，非常感謝老師的幫忙，我現在的生活真的變得很開心！
我原本是在電子業打滾的上班族，每天想到要上班真的生不如死……
所以上完課馬上開始操作，經營到第 3 間後，驚覺被動（第二）收

入已經可以 cover 我的支出，所以就把公司辭了，開始過著身體健康的生活。

過渡期是很辛苦，但是這堂課絕對值得，系統化的教學省去很多摸索的時間，非常推薦！—— Ivy Jian

上完實體加上線上課程已經過了 4 個月了～現在已經有 2 間房在出租！真的開始累積被動（第二）收入，感覺真不可思議！

以往有被動收入的概念，但是真的要實現都需要很大的成本和難度！但是學了 Tody 老師的方法後，實際執行操作，一步一步建立信心，越來越上手，發現真的沒有那麼困難。

現在一面在上班一面繼續找更多物件，除了增加收入外，更學會許多以前沒碰過的新能力，如尋找物件、談判交涉能力、議價能力、簡單設計布置能力、溝通管理能力！對我來說，最重要的是終於找到一條通往自由的道路，通往財務自由和時間自由，非常推薦大家學習並一起執行！—— Kelvin Hsu

---

在上課前一直以為踏入房地產領域需要有很多資金，從來沒想過可以靠輕資產的方式投資房地產，上完課後到現在 1 年多，也完成了 4 個物件，也讓我全心投入在這，會選擇 Tody 的課是因為她是實戰派而非理論派的老師，她沒有私心的傳授自己的經歷和 know how，上完課你絕對不會後悔！—— Sun Yi Hsuan

推薦序
人生出現另外一個可能性的方式 014

推薦序
以小搏大！把握共享經濟年代的關鍵商機 017

自序
打開「財務智商腦」，永遠不嫌晚 022

第1章
租房迷思

1. 不買房也可以當包租公 032

2. 房價越高越要聰明租房 038

3. 買房隔套 v.s 租房輕裝修 045

4. 給二房東包租，屋主為什麼不自己賺就好了？ 052

5. 包租、代管大不同 057

第2章
二房東的獲利模式

1. 空間與時間的交互作用 064

2. 二房東起手式——先決定經營模式 070

3. 了解你的租客——租房的分眾市場 079

4. 為什麼共生公寓的凶宅發生機率最低 084

5. 共生公寓已成為世界潮流 091

6. 共生公寓成功的五大心法 095

7. 共生公寓的多元客群 100

8. 獲利公式──價差、租期、裝修成本 105

9. 跟我這樣做──創造 60% 以上的年報酬率 111

第 3 章
找到你的起家厝

1. 老房挑出黃金屋 122

2. 物件哪裡來 130

第 4 章
與房東過招

1. 看房前的準備工作 142

2. 屋主溝通術 147

3. 六種屋主的六種情結 154

4. 簽約請你這樣做 167

第 5 章
與租客交手

1. 為你的「共居實境秀」選角 180

2. 看房現形記 187

3. 制定遊戲規則 198

4. 水電瓦斯佛系管理 207

目
錄

第 6 章
素人的裝修秘笈

1. 學會設計，租金翻倍！ 216

2. 30 萬搞定全室裝修 224

3. 這些錢可以省！簡單 DIY 238

4. 這些錢不能省！後患無窮 254

5. 如何找到合適的工班 265

第 7 章
二房東心理學

1. 包租也是一種創業，卻不是越大越好 284

2. 成為二房東的心理準備 289

3. 當包租變成你的職業 296

4. 包租心法 302

5. 二房東合法嗎？ 311

6. 城市裡的寂寞，每個人都應該體驗共居 316

後記 319

目
錄

推薦序

人生出現另一個可能性的方式

何桂育
———
巴黎不打烊

　　在正式進入這本書之前，先跟大家說說我和 Tody 是怎麼認識的。

　　我在巴黎的設計工作當中，有一半是為世界知名品牌服務。在 2011 年時，當時稱為台灣創意中心的台灣設計研究院，為了讓更多國內由 OEM 轉型為 ODM 的企業認識品牌發展與規劃，還有更多的設計人才能為本土企業服務，找我規劃一個在巴黎上課的「法式品牌 workshop」。而台創當時和我對口的負責人，就是 Tody。

那次和 Tody 一起工作的經驗，讓我知道她是一個俐落、邏輯思考極佳，而且規劃縝密的人。當時在我的課程大綱和講師確定後，心思細膩的 Tody 遠在台灣，就對所有博物館、美術館的參觀行程與細節安排進行了全面的了解。在我們往來的 email 中，她跟我確認所有巴黎方面的相關細節，讓台創第一年的法式品牌 workshop 完美的在巴黎舉行，也讓後續接手這個 workshop 的人可以遵循她創下的規範。

　　做事要求完美的 Tody 離開台創之後，我曾經在上海見過她，只記得那時她很晚才下班，工作非常的累，是一個管理 800 人企業的營運長。再後來，我帶孩子回台學中文，她也剛搬回台灣，我們倆又在台北見面。當時她一切從零開始、找房子、和房東簽約、設計裝修、出租……等，後來甚至去上課，考裝修工程管理證照。在成功的完成一間間案子後，我們又在巴黎碰面，那時候她已經是 Tody 老師了。

　　回到這本書《不買房當房東》，看到每一章節的內容與標題，就讓我想到那個曾經一起規劃課程的 Tody，她還是一樣的邏輯清楚而且思緒縝密。Tody 會在你提出問題前，就回答你心中疑惑，像「如何和屋主溝通？」「二房東合法嗎？」這些簡單的技術性問題，完全不需要你開口提問。而更深層面的心理問題，像租屋

者的角度和心態、設計與需求，或共生趨勢與現象等等，她也都幫你想好了。就像我們當時在巴黎的 workshop，Tody 什麼都幫大家準備好了。

　　法國 2021 年的最低薪資是每個月稅後 1231 歐元，小巴黎蛋黃區的平均房價是每平方米一萬一歐元上下，這樣的比例對法國人來說，巴黎的房價還是很高，但一位大學畢業後穩定工作幾年的年輕人，還是有機會在三十歲以前貸款買房（巴黎市中心可能不太容易，但郊區不是問題）。反觀台北市不平衡的房價和年輕人的薪資收入，買房可能比法國年輕人還難。當然，不要說年輕人了，我這一代台北市長大的小孩，如果沒有父母的幫助，可能也很難靠自己在台北買房。所以我身邊也有一些朋友，至今仍與父母同住，或選擇租屋居住。

　　在買房困難的年代，Tody 不買房也能當包租公、包租婆的技術和心法，是開啟大家人生出現另一個可能性的方式，用較低的成本獲得較高的獲利，或被動收入。而本書正是讓無法親自上 Tody 課程的朋友們，可以透過她清晰有條理的文字，更容易了解這個產業的管道。

以小搏大！把握共享經濟年代的關鍵商機

楊佳璋

台灣設計聯盟理事長、樺致形象設計有限公司創意總監

認識 Tody 已經超過十年了！當年她正在「台灣創意設計中心」任職，敝人時值擔任「中華平面設計協會」理事長，因而有機會在工作上與她接觸與合作。當時的印象中，Tody 就是個做事認真、開朗樂觀、又積極努力的年輕女孩。

後來，她決定從台創中心離職，主動約了要前來我的公司拜訪。我們很愉快的談了幾個小時的創業經，我才發覺這個女孩不只是我表面認知的認真開朗積極而已，她是一個有著旺盛的創業企圖心，願意為了夢想而付諸實踐的行動派。

近十年來，屢屢聽聞 Tody 的新創事業發展順利，現在能將成功經驗大方付梓與群眾分享，是一件值得慶祝的好事，這次接到她新書的序言邀約，我更是非常樂意能成為第一手作品的讀者。

《不買房當房東》這本書，我必須說，書名就很迷人啦！在這個房價高居不下、且政府打房讓人覺得只是喊喊口號的年代，如何能「不買房」還能「當房東」？我相信這本書對於時下的年輕人來說，一定有相當的吸引力！

「共享」是本書要談的事業的核心價值，作者 Tody 善用了她專長的設計思維（Design Thinking）模式：發現問題、找出癥結、用設計解決問題。

於是她發展出一套可行的商業模式：

一、問題：房價居高不下，租屋需求者眾。然而，傳統的房東卻常因顧慮公共空間管理不易，以及衍生而來的電費分擔等問題難解，所以乾脆都將公共空間降至最低，甚至完全沒有！卻也因此讓租客必須捨棄對這些公共空間的需求。

二、問題核心：租屋與生活品質，難道不能兼顧？

三、設計解決問題：Tody 針對此痛點切入，善用設計導入來改造較不受年輕租客青睞的大坪數、高租金老屋，用輕裝修將客廳、餐廳等公共區域改造成舒適的共享空間，並且透過氛圍的營

造，強化客廳的人際交流，以及廚房設施的烹煮功能，如此一來，反倒吸引不想因租房犧牲生活品質的年輕租客族。

四、在房價高不可攀的台灣社會，讓買不起房子，卻又想要當房東賺取房租的年輕人，不僅可以運用這個可被複製的「共享宅」模式，發掘新的市場需求、滿足不同的租客屬性，更可以協助許多不擅長管理房客和裝修房屋的年長房東，得以順利出租房子，創造雙贏，進而降低空屋率，提供更多元化的租屋產品。

寫到這裡，我越發覺得這本書真的切中人們重視居住品質、同時能夠建立第二收入的核心！但說起來簡單，實際的操作又是如何呢？Tody 不藏私，以她本身設計的專才，再加上多年的操作經驗，有系統的教你怎麼篩選物件、如何有效輕裝修又節省成本、甚至還教你怎麼計算投報率。

趕快翻開書，進入《不買房當房東》的世界吧！在這個事事講求共享經濟的年代，掌握住「以小搏大」的關鍵商機。

自序

打開「財務智商腦」，永遠不嫌晚

　　關於學習「財務智商」，我起步得很晚。在職場工作的十多個年頭裡，我和大部分的上班族一樣，努力工作、期待著年終獎金、期待著加薪。直到35歲，在上海爬到了800人的企業營運長，每天工作16個小時，休假也緊盯著手機訊息一刻不敢鬆懈，連生病也不願意請假，然而戶頭裡的存款，卻離可以退休的狀態依舊遙不可及，我才開始思考：「靠存款，真的能實現財務自由嗎？」

　　當時我看到一個「4%的財務自由理論」，邏輯大概是說，如果存款的金額夠大，大到所產生的固定利息足以應付一年所需的生活開銷，那麼只要你的本金不變小，理論上，你就能一輩子靠利息活下去。假設一年需要的生活費是40萬，需要的本金就是除以4%等於1,000萬，才能靠利息來支應生活開銷。

也就是說，為了實現財務自由，我得先存到 1,000 萬。一開始的時候我真的相信，所以我縮衣節食，計算著我每個月要存多少錢，卻發現，就算我一個月存 4 萬，要存多久才能達到 1,000 萬呢？是 250 個月，也就是 20 年！要不吃不喝 20 年，才能存到第一桶金。當然，我們可以說因為複利的關係，實際上需要的時間可以再縮短一些，但是人不可能不吃不喝，一個月存 4 萬對大部分人來說，是非常難以實現的，如果一個月存只 1 萬、2 萬，時間就拉得更長了。所以不論怎麼解釋，它還是一個難以實現的理想。更重要的是，這個理論完全忽略了一個重要的變數，就是「通貨膨脹」。現在的平均物價，對比 20 年前，漲幅將近 20%，也就是一樣的錢，20 年後，購買力只剩下 80%。如果是房價，那已經不知道是幾倍的漲幅了！今天的 1,000 萬，到明年、後年、20 年後……，購買力是一年比一年下降，錢放在戶頭裡不動，只會變得越來越小，想要用 4% 的利息來支應生活費，只會入不敷出，如果再碰到降息，可能連 4% 都沒有！所以這樣的財務自由理論，根本就不現實。

◆ 想當包租公，不需要擁有房子 ◆

2012 年，我決定「出國深造」，選擇到上海工作，因為這趟奇異旅程，讓我開始接觸房地產，開始有投資理財的觀念，也才第一次知道，原來想當包租公，根本不需要擁有房子。

我進入的是一家房地產新創公司，但我們所做的事情，不是買賣房產、也不是仲介，而是把閒置的空屋，說服屋主交給公司管理，簽訂 5 到 10 年的租約，接下來會將房子做一番整修，再以分租的形式轉租出去。老舊、屋況不佳的房子，經過整修之後，變得美輪美奐，並且透過分租的形式，讓年輕上班族可以只用一個房間的租金價格，就住進像家一樣的公寓，這不但讓空屋重新產生了居住價值，也大幅降低了年輕人的租房壓力，而自己，則是賺進為房子租金增值後的價差，簡直一舉數得！

這樣「不需要買房就擁有收租權」的房地產盈利方式，叫做「輕資產包租」模式，當時的中國正處在房價不斷上漲、近乎泡沫的時代，「擁有產權」不再是主流價值，轉而提倡的是「使用權」。

向屋主取得轉租同意、裝修同意，並且簽訂長期租約，就是「使用權」的具體展現。我們不一定要「買」下這間房子，才能

不買房當房東

使它創造收益，藉由「經營方式」的改變，就能使房子為自己帶來收益。並且，因為不需要買房的頭期款，裝修也使用成本低、工期快的「輕裝修」工法，使得每一間房子投入的現金降到買房的十分之一，是進入房地產投資領域最低門檻的方式；因為沒有產權，所以退場的風險也低，萬一遇到海砂屋、輻射屋等有問題的房子，最多就是賠2個月押金和一些裝潢費，而不必像買房一樣賠掉幾百萬的頭期款，還留下一間賣不掉的房子！

　　2014年開始，有越來越多中國的新創企業，加入了輕資產包租的戰場，使得「品牌公寓」百家爭鳴，租房市場在短短幾年時間改頭換面，招租網站上比比皆是經過專業設計翻修過的房子，而我也協助公司在很短的時間內，成長為一間旗下有2萬多間出租公寓的租房平台。靠「買房」當包租公已經不流行，「租房」當包租公才是主流。

低成本高收益收租模式，創造出比利息高出十倍以上的現金流

　　帶著這樣的經驗，2016年，我回到台灣定居，準備租房子，驚訝地發現，招租網站上滿滿是不經整理、破爛不堪的房子，與

我 2012 年離開台北去上海工作前，完全沒有進步，反倒是租金漲了不少！於是我立刻意識到，台灣的租房市場，就像是 2012 年前的中國，到了急迫需要改革的時間，也代表市場充滿了機會。在別人眼裡殘破不堪沒有價值的房子，在我眼裡，卻是一間間充滿潛力、可以創造收益的黃金屋。改造房子，使它產生更高的租金價值，這不正是我在上海做的事情嗎？

現在，我只需要進行一些實驗，來驗證台灣市場也需要租房品牌化。

我找到一間在信義區邊陲的山腳下、荒廢了 10 年的房子。一進門，刺鼻的霉味撲鼻而來。山邊潮濕，屋裡滿是壁癌，還有各種蚊蟲。我卻大膽地與屋主簽下 5 年租約，並且將我的理念告訴屋主，說服他讓我進行裝修改造並且轉租。

很幸運的，屋主不但認同我的理念，在知道我要為裝修花費不少後，又主動調降了租金。而在房子裝修完成後，一上架到臉書的租房社團，立刻引起廣大的迴響與討論。因為當時並沒有同類型的租房產品，市場有的僅是傳統與房東合住的雅房、或是不能煮食又空間狹小的套房，可以說是毫無競爭對手，4 個房間在一週之內就全部順利租出，而扣除掉要付給屋主的租金、還有網路固定費用以後，我每個月有 2 萬 5 千元的正現金流！

這間房子的改造出租成果，讓我堅信，在平均每 10 間房子就有 1 間是空屋的台灣，「輕資產」包租模式，有非常大的發展空間，市場上需要更多經過設計改造的出租房。

　　不久後，我也搬進自己改造的家庭式公寓，有 2 位室友，他們都清楚知道我是合法二房東，也非常欣賞我的設計美感，即使租金價格較一般沒有整理過的房子來得高，他們仍然認為物超所值。扣除掉付給房東的租金以後，我自己負擔的租金不但降為 0，還多了 1 萬塊錢的收入。原先我住在一個月租金要 3 萬 6 千元的公寓，每月的現金流都是負的，現在不但大幅降低支出，還多了 1 萬塊的零用錢。

　　加上那間山邊房子每個月帶給我 2 萬 5 千元的淨現金收入，我的可支配生活費達到了 3 萬 5 千元，已經是一般上班族的薪水，因此也可以說，只要我的生活費控制在 3 萬 5 千元以下，就達成了階段性的「財務自主」，不需要依賴典型就業模式，也能擁有可以養活自己的收入。

　　對照最一開始的 4% 財務自由理論，假設投入 30 萬元買股票，年投報率 4% 的股息，每年收益是 1.2 萬，平均每個月是 1,000 元；但是一樣 30 萬元，投資到公寓改造出租，卻能創造每個月 1.5 ～ 3 萬的利潤。輕資產包租的投報率是買股票的 15 ～ 30 倍，我選

擇能讓我發揮創造力又能更快累積財富的包租事業。

可輕易複製的商業模式，
不必有相關經驗也做得到

　　成功複製幾間這樣的包租模式之後，不到一年，我的月收入已經突破六位數，身邊開始有朋友希望跟著我學習用這樣的方式為自己增加收入，於是我在 2017 年開始開班授課，成立粉絲頁「TODY 的不買房包租術」，開設「輕資產包租實戰班」，除了雙北市的上班族前來上課，漸漸地也有越來越多來自桃園、台中、台南、高雄的學員，「共生公寓」的輕資產包租模式，開始在全台各地開枝散葉。

　　至 2020 年底，已有近 400 位學員，和我一起改造了全台 2,000 多間老舊公寓，管理 8 千多位租客。在我的拋磚引玉下，台灣租房市場也產生了明顯的變化，特別是在雙北市，經過翻修改造的公寓約佔同類型招租廣告的 7 成，僅剩 3 成的出租房維持傳統不經修繕設計。

　　「活化閒置空屋」是最有效加速租房供給的方法，能作為社會住宅的一種補充，也因此政府在興建社會住宅緩慢、取得土地

困難的情況下，大力推動「包租代管」，也就是二房東的合法化與專業化。全台灣的閒置空屋高達 100 萬間，光是台北市就有將近 10 萬間，所以投入的人力還遠遠不夠，改善租房市場，需要更多年輕人的參與，不但能改善自己的居住品質，還能大幅降低租金壓力，甚至帶來額外的被動收入。按照我教你的步驟，你也可以是租房改造大師，並且很快的，你的財務體質會大幅地改善，進而實現財務自主，和我及許多學員一樣，不再受困於職場，過著自由自在的生活。

第 1 章

租房迷思

01

不買房
也可以當包租公

　　當討論到房地產投資，傳統觀念上認為除了「買進賣出」賺取價差，就只有「買進租出」第二條路，關注的焦點都是在「買」。當我第一次在社群平台上將國外盛行的「輕資產包租」模式帶到台灣討論時，即使市場上已經有許多的二房東，還是很少有人注意到「不買房」其實也可以當包租公，加上大眾對紅極一時的「張淑晶事件」印象深刻，這一類在媒體上曝光量很高但只是少數的不肖二房東行徑，使得「二房東」一詞被普羅大眾定義為貶義詞，即使政府目前正極力推廣「包租代管」政策，其中的「包租」指的就是二房東，大家聽到二房東仍然是滿滿的負面印象。

　　二房東其實在商業地產行之有年，只是一般人可能沒有注意到。以台北市的「松菸文創園區」為例，台北市政府將松菸文創

園區裡的文創大樓租給富邦集團，而富邦集團再將商場分租給誠品，誠品則再將商場一間一間分租給小型文創商店，這整個模式裡面，市政府是大房東、富邦是二房東、誠品已經是三房東的角色。二房東在旅館業也相當常見，「晶華酒店」就是向大樓的所有權人承租一整棟大樓作為旅館經營，晶華酒店事實上也是二房東，只不過出租形式是日租，我們日常所見的旅館、背包客棧，幾乎都以承租方式取得使用權，以自有房產形式來經營的反而是九牛一毛。

二房東是將房地產傳統中的「擁有權」與「使用權」的概念分開，同樣使用這個空間，但「是否擁有產權」不是關鍵，藉由出借（租）關係，把空間交由專業的人來打理。二房東的角色，是以「內容經營」為核心價值，來達到資產活化的目的，代替業主來規劃、管理、經營資產，業主只要安心收租。現在的房地產行業發展已經進入分工精細化的階段，業主有財力購買房產，卻不一定需要懂得如何規劃與經營空間，從空間的硬體規劃包含設計、裝潢、修繕等，到空間的軟體規劃如租客招募、社群管理、品牌經營等，都已經逐漸發展出不同的專業。

既然商業地產大家都能認同交由專業人士處理，「住宅」資產管理的發展又何嘗不能呢？沒有時間或不知如何打理房子的屋

主，把房子交給二房東來活化閒置住宅，屋主可以省去管理修繕的各種麻煩，安心收租；租客獲得有品質的居住空間和專業管理服務；二房東則賺取租房服務創新後為房子增值所帶來的合理利潤，是三贏的模式。

過去在市場訊息混沌不明，沒有專業人力投入的租房市場中，的確有許多不肖二房東在屋主不知情的情況下隨意轉租房子，對於租房管理的輕視也造成許多糾紛。隨著消保法不斷更新，以及2018年針對租房市場推出的〈租賃專法〉上路，大家對租房市場變化的相關討論越來越熱烈，租客與屋主的權利義務越來越受到重視，二房東的執行方法也逐步走向正常化，這也是政府大力推動包租代管的原因。鼓勵閒置房源交由經驗豐富的專業人士管理，才能減少租房糾紛，而如何讓一個冷門的知識變成「專業」，必須先打破一般大眾對二房東的既定成見，催化越來越多的人願意投入，整個產業才能邊做邊改地邁向成熟與專業。

二房東之所以在過去人人喊打，除了因為「不勞而獲」的既定印象之外，對於屋主來說：「我房子一直都自己租的，沒有二房東一樣租得掉，為什麼需要二房東？」

曾經有一位四房的屋主，過去十幾年來一直都租給一個一家六口的大家庭，這個家庭搬走之後他想重新招租，因為過去的美

好經驗，所以直覺地堅持只想租給家庭。過了一個月，仍然見到他在掛牌招租，再次與他接觸，他說：「時代好像真的變了，來看的家庭都是小夫妻，說他們其實不需要這麼大的房子，預算有限還狂殺價，反而是上班族還有學生合租的來問比較多，這樣我管理也很麻煩，還是租給你們吧！」

人口結構還有生活習慣的改變，大家的居住需求已經和二十年前完全不同，以小家庭、單身為主的租房需求變成主流，越大的房子越難找到租客，而小家庭及單身租客卻找不到可負擔的居住空間，供需不對稱的情況下，只能藉由空間再造、租房流程重新設計的方式來消弭兩者的不平衡，二房東的角色也因此被賦予了新的功能。

「租房體驗再解構，服務流程再設計」正是我所提倡的二房東價值所在。我相信很多人都有過這種找房經驗：無論怎麼改變搜尋區域、無論怎麼調整租金預算，都很難避開那些「破舊不堪又滿屋子古老的實木家具，一點也不喜歡但是屋主又不讓我丟」的房子。長期以來租屋族的感受是被忽略的，大家覺得很不對勁，居住環境很不舒服，但是卻無能為力，只能委屈求全；而屋主們也遵循經驗法則，不需要太在意租客的居住體驗，房子能住就好，漏水修繕我也不懂，租客就忍一忍吧。

要說誰才能重新定義居住體驗，為老舊公寓重新創造居住價值，答案一定不會是這輩子從未向人租過房子的房東，而是迫切需要租屋的租屋族，沒有人比租客自己更了解自己的需求，因此年輕世代的租屋族正是重新定義二房東、重新定義居住空間的靈魂人物。以租客視角出發，學習舊屋改造與租房流程再造，比過去任何經驗法則都更能有效創造租房市場的嶄新風貌，而我的角色，是做為引路人，給所有期許租房環境提升的年輕朋友一個容易學習、可輕易複製的方法，讓每個期待改變的人，都能藉由改善自己的居住空間，進而改善自己的財務體質，也間接地改善租房環境。

你是不是也開始躍躍欲試地想要展開你的「不買房包租」生活了呢？在這本書中我會逐一拆解這個商業模式裡需要學會的各項技能，從投資報酬率的計算、物件篩選的技巧、屋主溝通術、裝修的眉眉角角、預算控制大法、挑選租客的心法、租客管理，一直到你成為職業包租公後所需要的心態與自我管理，每個環節都是我花了無數個在施工現場被小黑蚊攻擊、繳一堆學費做出後悔的裝修工程、跟各種神奇房東交關、經歷了各種意想不到的租客看房現場所總結出來的心酸血淚史，每一筆結論的背後都投入了大量的時間與金錢，一定可以幫助你少走彎路，比我更快抵達

目的地。

02

房價越高
越要聰明租房

　　「很想買房但是買不起」是現在都市年輕人心中複雜的夢想。以我居住的台北市為例，在市中心買房的預算，中古公寓大約是1,500萬至2,500萬，全新的電梯大樓則要4,000萬以上，每月背負的房貸少則3、5萬，多則動輒10多萬，如果沒有長輩幫忙出資付多一點的頭期款，實在難以負擔。奇妙的是，正因為買房極其奢侈，反倒越是令人心神嚮往，越難得到的奢侈品，越要想盡辦法得到，買到了高貴的極品，便能昂首闊步地向世人彰顯自己的財力，擁有一間高價的房產，像是跨越了財富階級，把別人拋在腦後，晉升成為大家眼中的「人生勝利組」。

　　於是大家都忘了照顧眼前的自己，「租來的房子」像是難以啟齒的禁忌之地，是人生中盡可能想逃離的生活場域，現在的居

不買房當房東

住品質如何一點也不重要，反正只是暫時的，我們有一天一定要買房，那才是我們的家。日子一天天的過，冷冰冰的房子習慣了，粗糙又了無情趣的生活也習慣了，即使明知租房子比買房子划算，不會讓自己的經濟壓力這麼大，還能過上更好的生活品質，眼光還是直直盯著遠方，只有得不到的房子才叫家。

為什麼在台北租房比買房划算呢？我們先用租金來和房貸做比較：在台北市的蛋黃區，單價 80 萬一坪的全新電梯公寓，以 30 坪來算，總價是 2,400 萬，貸款 8 成，每月負擔貸款大約是 6 萬 5 千元。但是租房呢？同樣條件的電梯公寓，扣除公設後，室內實坪 20 左右，租金大約落在 4 萬元。租房比買房每月少支出 2 萬 5 千元，還不需要頭期款，當租金比房貸還要低的時候，租房當然是值得考慮的選項。

我們再換個方式來算，假設一個月只有 3 萬塊的預算花在「住」這件事上，如果 3 萬塊是房貸，表示貸款大約是 870 萬，用貸款 8 成回推，買房的總價會落在 1,100 萬左右。1,100 萬的價格在台北市可以買到怎樣的房子呢？用一坪 80 萬算，只能買到 13.5 坪的房子，再扣除公設比，只剩下 9 坪的套房了。

而 3 萬塊租房子，有哪些選擇呢？ 3 萬塊的租金在台北市蛋黃區可以租到 30 坪的無電梯公寓、也可以租到 20 坪左右的十年

內電梯大樓。一樣每月 3 萬元的預算，租房的選擇卻多了很多，不需要委屈住套房。如果再把多餘的房間分租出去，不但大幅降低居住成本，甚至增加了被動收入。租來的房子，一旦有任何問題，熱水器故障、冷氣壞掉、漏水壁癌，都可以叫屋主幫忙修，一旦買房變成屋主，這些事情只能自己親力親為，沒有人可以幫忙，這些都是當初買房不會想到的隱形成本。

另外一個用來評估同區域房子究竟用買還是租划算的指標是「房價租金比」，也就是「房屋總價除以年租金」，得出的數字代表「租了幾年，等於買下這個房子」，所以當數字越大，代表用租的越划算，反之，數字越小則用買的越划算。假設一間房子租兩年的租金就可以把貸款繳完，我相信任何人都會選擇用買的，可惜現實世界沒有這麼美好，房價租金比通常都落在 20 以上，也就是最少要付 20 年才繳得完房貸。當房價租金比落在 20 的時候，如果我 30 歲買了房子，等我 50 歲的時候，已經繳完了貸款，經濟壓力大幅變小，也就算是可以退休了；而當房價租金比落在 40，就代表我要 70 歲才能退休，實在不敢想像！

目前的房價租金比，台北市超過 40、新北是 36、桃園在 34、台中以南都是 20 多，一般來說，房價租金比落在 35 以下才適合考慮用買的，因為數字越大，代表越不能退休，台北市到了

不買房當房東

70 歲還必須繼續工作繳房貸。用房價租金比來考慮買房還是租房合適的話，顯然雙北市都是「以租代買」會是比較聰明的選擇，若是其他房價租金比相對較低的地區，才值得考慮用買的。

2016 年我剛回台灣的時候，在南港租下了一間權狀 28 坪的社區型電梯公寓，是屋齡不到 5 年的全新大樓，一進門就會有管理員大哥噓寒問暖，社區旁邊有一片大草地，天氣好時隨時可以出門野餐，更不用提垃圾處理、健身房、舞蹈教室等等配備，還附帶一個平面車位，那時候租金是 3 萬 6 千元。這樣的租房預算，總是會被身邊的人催促著買房，大家一定有聽過這樣的說法：「你幹嘛幫房東繳房貸呢？何不拿租金去買一間屬於自己的房子？」

我在附近區域，以長期每月的房貸還款 3 萬 6 千元為目標，展開了我的買房之路。經過了各種內心掙扎與對房子的標準一再降低，我最後只買到屋齡 50 年等待都更的老舊公寓，沒有電梯也沒有車位，一樓連大門都沒有。鄰居們看起來很和善，但是難免聽到後面巷子夫妻吵架、隔壁棟罵小孩、每天早晨對面早餐店用鐵鏟煎蛋餅的聲音，我還花了一筆錢處理老房子的漏水問題。雖然在這個城市擁有了一方土地，我的幸福感卻絲毫沒有提升。

前幾天我看到一則新聞，一位貴婦名媛租下大直一間 70 坪的豪宅，一個月的租金是 10 萬元，直呼好划算，大家卻笑她這麼有

錢不會用買的，還要跟人租房子，她回答：「如果用買的，一個月要付的貸款是 20 萬，用租的一個月卻只要 10 萬，還可以不喜歡就換個新家住，誰比較傻？」我認為這位名媛是考慮了自己的居住習慣又精打細算之後做出的選擇，但我也不會笑買房的人傻，畢竟買房是作為一種財力的宣示，能讓人輕易產生滿足感，房價租金比是一個衡量的指標，卻不能定義對錯，每個人都有權利選擇自己想要的生活方式。

不鼓勵買房難道要一輩子租房嗎？當然不是，而是從投資角度來說，該買還是該租，要根據房子的個別條件來做彈性選擇，房價租金比高的時候，「租來把閒置空間轉租」比較符合經濟效益，如果房價租金比低，也許「用買的來出租」比較划算，是可以靈活思考的。又或者，一間房子很喜歡但是現在買不起，我能不能先租起來，等到經濟條件允許了，再買下來呢？每一個投資標的都要用開放彈性的觀點來評估，買還是租，沒有絕對的答案。

輕資產經營方法中的「租房體驗再解構，服務流程再設計」觀念不僅適用於租來的房子，也可以應用於買來的房子，因為重點並不是誰持有這間房子，而是誰具備足夠的專業來進行整體規劃，能夠靈活貫通這個方法的人，就能賺得經營財。我有不少學員本身是屋主，因為自己出租碰到許多問題，所以把我的規劃方

不買房當房東

法應用在自己的房子，瞬間破解了多年來房子無法創造收益的瓶頸；也有一直苦於進入不了買房投資高門檻的學員，藉由我的方法快速累積資本後，第二年就如願買房晉升為大房東，實現終極的包租夢想。

　　既然不論租或買都能運用這個系統方法來創造現金收入，那麼可操作的地區自然也不限於雙北市。只要有租房需求的城市都可以執行，只是需要因地制宜，在成本控制方面還有物件篩選的標準要做出調整，例如在雙北市每投入 30 萬能夠創造 2 萬的現金流，在桃園、台中、高雄則因為套雅房租金不比雙北市高，但是裝修成本卻是一樣的，這時要能夠創造投報率的方法則是更嚴格地控制成本，不能像在雙北一樣投入到 30 萬，而要降低裝修成本就不能拿屋況不佳的房子，對於屋況的要求更高，才能確保可控的回本時間與投資報酬率。目前我在桃園的學員用 3 房做出的價差約在 1.5 ～ 2 萬元，台中、高雄的價差則大約落在 8 千至 1.5 萬元。在雙北以外地區，如果想要達到與雙北同樣的現金流收入，需要經營更多間房源，如果房價租金比合適，用買的也是可以考慮的選項。

　　共生公寓的接受度在這些城市都已經逐漸地開枝散葉，桃園在兩年以前也無法想像可以做到 2 萬元的價差，因此雖然目前看

起來中南部可創造的價差空間較小，不代表未來沒有持續發展的潛力，整個台灣的租房市場都存在著被顛覆改革的可能性，無論哪個地區，我都抱持樂觀態度。

買房隔套 v.s 租房輕裝修

　　台灣房地產投資長期習慣用買的來包租，市面上的房地產老師也一面倒地教人買中古公寓「隔套收租」，而我把租來的房子「輕裝修後轉租」，也就是「輕資產包租」，則是全新的商業模式。現在我把兩種投資模式的成本與「現金報酬率」攤開來算一算，同時讓大家知道輕裝修轉租的起步資金需要多少，又可以獲得多少的現金報酬。

　　計算報酬率之前，先說明計算方式，在談到房地產投資的「租金報酬率」時，可分為「總價」租金報酬率和「現金」租金報酬率。總價租金報酬率指的是「年租金收入扣除必要成本如房貸、房屋稅、地價稅後，除以買房總價加上裝修費」，而現金租金報酬率指的是「年租金收入扣除必要成本後，除以頭期款加上裝修費」，

前者的分母是房子的總價加裝修費，後者的分母只考慮「要拿出來的現金」，也就是頭期款加裝修費。

$$總價租金報酬率 = \frac{年租金收入－房貸－房屋稅－地價稅}{買房總價＋裝修費} \times 100\%$$

$$現金租金報酬率 = \frac{年租金收入－房貸－房屋稅－地價稅}{頭期款＋裝修費} \times 100\%$$

在輕資產包租的模式裡，因為沒有買房，所以無法比較總價租金報酬率，只能就現金的租金報酬率來分析，所以如果把買房的現金租金報酬率套用到輕資產包租的話，就會以「付給屋主的租金」取代房貸成本、「押金」取代頭期款，來計算報酬率。在買房情況下，每年負擔的持有成本除了房貸，還有稅費包括房屋稅、地價稅，不過因為稅費較難計算，依照屋齡和地段每年幾千至幾萬塊錢不等，在整個成本來說並不算很高的比例，不影響計算的百分比結果，所以在下面的比較公式裡省略稅費，而輕資產因為沒有買房，所以沒有房屋稅、地價稅，在租房情況下這類稅

費是由屋主來承擔。

以台北市 30 坪的中古公寓來比較「買房隔套」與「租房輕裝修後轉租」的現金報酬率：

	買房隔套出租	租房輕裝修後轉租
頭期款	每坪 60 萬計，總價 1,800 萬，頭期款 2 成需 360 萬	2 個月押金，約 6 萬
裝修費	一間套房 50 萬，隔成 5 間 250 萬	輕裝修 4 房 30 萬以內
月付	貸款 1,440 萬，寬限期 2 年內只付利息 1.7 萬、第 3 年起本利攤月付 5.2 萬 (以一段式利率 1.44%、30 年計)	租金 3 萬
收租	隔成 5 間套房，平均每間租金 1.6 萬，1.6 萬 X 5 間＝ 8 萬	合租型態雅房平均 1.25 萬、主臥套房 1.5 萬，3 雅 1 套共收 5.25 萬
每月現金流	寬限期 2 年內：8 萬－ 1.7 萬＝ 6.3 萬 第 3 年起：8 萬－ 5.2 萬＝ 2.8 萬	5.25 萬－ 3 萬＝ 2.25 萬
裝修費回本時間	寬限期 2 年內現金流 6.3 萬： 6.3 萬 X 24 月＝ 151.2 萬 第 3 年起現金流每月 2.8 萬： （250 萬－ 151.2 萬）／ 2.8 萬＝ 35 個月 24 個月＋ 35 個月＝ 59 個月，約 **5 年**	30 萬／ 2.25 萬＝ 13 個月，約 **1 年**
現金報酬率	寬限期 2 年內：6.3 萬 X 12 個月／(360 萬＋ 250 萬)＝ 12% 寬限期過後：2.8 萬 X 12 個月／(360 萬＋ 250 萬)＝ 5.5%	2.25 萬 X 12 個月／(6 萬＋ 30 萬)＝ 75%

從表中的比較可以看出，買房頭期款加上裝修費高達 610 萬的現金，租房卻只需要 36 萬，資金壓力只有 1／17，而現金報酬率足足是買房的 6～14 倍，一間套房需要的裝修費 50 萬幾乎可以完成 2 間公寓的輕裝修，即使買房不隔套，採用輕裝修只花 30 萬，加上頭期款後現金仍需要掏出近 400 萬，報酬率仍然遠低於租房。

為了簡化公式，我還省略了「裝修期」對租金收入的影響，實際上隔套房的裝修期需 4～9 個月，期間無法有租金收入，但是銀行利息仍需照付；而輕裝修工法只需要 2～4 週的時間，還可以向屋主爭取「裝修免租期」，這一來一回的收益差距又更大了。

租房模式，現金只需要拿出押金及裝修費，不需要買房的頭期款，因此可以把投資門檻降到幾十萬，而且回本時間只要一年。在技巧越來越純熟之後，只要能慎選投資標的、控制裝修成本，並且掌握與屋主談判的技巧、向屋主爭取裝修補貼，滿足條件下，投入資金可以低於 30 萬，有很多情況我們公寓的投入成本只有 10～15 萬，每間雅房的租金一樣達到了 1.25 萬以上的水準。

有些人認為，買房投資的價值在於未來出售之後的「資本利得」*，也就是買賣的價差，問題是誰能保證不會套牢呢？政府現

---

* 用低價買入，高價賣出的方式，賺取差價來取得利益。

在不斷打房，「房地合一 2.0」要求凡在 2016 年後取得的房產，5 年內脫手必須課以 35% ～ 45% 的重稅，包括了預售屋的轉賣。先前「房地合一 1.0」已經讓大批投資客放棄中古屋的短線操作，一窩蜂轉向預售屋，現在的房地合一 2.0 把最後一塊炒房漏洞也堵死了，想靠買賣賺價差何其容易？沒有資本利得的房子，只能靠長期收租賺「經營財」，600 多萬的現金只能靠租金慢慢回收，簡直杯水車薪。與其把 600 萬押注在一間房子上，不確定它是否一定能順利出租，是不是還不如投資到 20 間租來的房子，來得更加分散風險又高報酬呢？

房地產老師一定也沒有告訴你，隔成套房以後的房子，在市場上變成了不符合多數自住需求的小眾產品，下一手的買家僅限投資客，而銀行也不喜歡這樣的抵押品，不僅貸款成數低，甚至可能拒貸，下一手買家不僅小眾，還必須手握大量現金，這樣的房子想要脫手，其實一點也不容易。

我有一些名下有不少房子的學員，因為學了「隔套」，以為可以邊收租邊等將來增值脫手，裝修投入的幾百萬可以一次賺回來沒關係，結果不但房地合一稅制拉長了可變現的週期，就算便宜賣，買家也沒有想像的多。沒有了當初想像那樣美好的「資本利得」，投入的大量現金又這麼卡在裡面回收不了，悔不當初。

上了我的輕資產包租課程後，才驚覺原來出租房子不一定要投入這麼高的裝修成本，現金回收又快，於是將還沒有裝修的房子全部改做不動格局的輕裝修出租法。

還有房地產老師先是鼓吹「合資」買房，接著又教如何避稅來回應打房政策，可是無論怎麼避，都不能迴避買賣獲利空間越來越小而風險卻越來越高的事實，作為小資一族，千萬不能輕易將手上第一桶金投入到沒有把握的風險裡。我非常反對合資買房，所謂「眾口難調」，合資的人彼此並非基於革命情感創業打拼，只是一時經由利益驅動而聚集，彼此毫無信任基礎，只要有心操弄，每個人所接收到的訊息都可以是片面而破碎的，每一個步驟每一個環節都隱藏著危機，幸運的話賺了錢，分一分卻又發現所剩無幾，對比涉入的風險，根本不值得。最糟糕的是把錢交給聲稱「幫你投資」的房地產老師，王Ｘ宏捲款 25 億後至今消聲匿跡，血淋淋的前車之鑑應該要成為警鐘，集資的老師通常也會要求「借名登記」，作為炒房人頭，這等於是把自己的銀行信用孤注一擲，如果人跑了，千萬貸款你揹，有能力承擔的話，為什麼不好好把首購優惠留給自己呢？

既然不能再執著於短線炒作的投資，長期持有是避險的方法，就必須更加用心「經營內容」，才能使閒置房子產生收益，不論

買來的還是租來的，都要專注於經營，規劃能力、執行能力、美學力等都會直接影響到投資結果，所以肯動手、肯學習新知是非常重要的，「經營財」的賺取方法絕非不勞而獲，需要比買賣投入更大量的精神、體力、時間，卻是穩健而踏實的房產經營方法。

04

給二房東包租，
屋主為什麼不自己賺
就好了？

　　在開始成為二房東之前，一定會有許多人有這樣的疑惑：屋主為什麼會同意把房子租給二房東，而不是自己出租？

　　我回台灣做的第一間房子，是一個在山邊、交通不便、陰暗又潮濕、荒廢多年的 30 年公寓，當時透過仲介，表達我會重新翻修這個房子，然後分租出去。仲介第一時間便理解我是要做二房東，儘管有些擔憂，但是考量了這間房子屋況不佳，已經掛牌招租許久也不見有人聞問，於是抱著姑且一試的心態，向屋主轉達了我的意願。

　　由於房子閒置已久，在缺乏照顧的情況下，壁癌、發霉情況越來越嚴重，而屋主本身經商，沒有太多時間打理。聽聞是二房

東想來承租，雖然有些疑慮，仍然同意與我見面，希望當面了解我是什麼樣的人、我想怎麼處理這個房子。

「你是說你要轉租出去當二房東嗎？」

「是，因為我覺得現在年輕人租房子很辛苦，能夠負擔一整層租金的不多，想要租到家庭式公寓，只能找朋友合租，但是朋友不一定都能配合時間搬來一起住，想要擁有家的感覺，其實是很困難的。如果有一個人先把房子租下來，重新裝修、把家具家電全部配齊，然後用分租的方式，就可以讓每個人都只需要用一個房間的租金價格，就能享受到一整層像家一樣的空間，這樣就可以大幅降低年輕人租房子的壓力，這是我回到台灣之後想要做的事情。」

屋主靜靜的聽，點了點頭。接著聽完我的翻修計畫，了解我預計投入的裝修成本和所需的裝修時間，最後不但同意我的二房東計畫，甚至把原先開價25,000元的租金，大幅降到了9,000元，另外加上半年的免租期。

為什麼屋主會同意這樣的條件呢？前面提到，這是一個屋況不佳的房子，加上屋主本身工作忙碌，無暇管理。把房子翻修、出租，是一門太花時間的學問，現在出租給懂得如何打理的人，他才能輕鬆收租。再加上這個案例的情況，屋主本身並不缺錢，

他把房子出租，只是希望房子有人住，才不會繼續荒廢，而且承租人本身具備修繕能力更好，將來出租後，才不會因為維修的瑣事來打擾，工作繁忙的他沒有時間處理。

租給有修繕能力又會篩選租客的二房東，他不必煩心管理，也不必煩惱房子缺乏照顧，並且他不花一毛錢，就換來重新翻修後美輪美奐的房子。

那麼一定要屋況很差，屋主才有可能願意租給二房東嗎？倒也不一定，我們再看一個案例。

去年初，有一位約莫 50 歲的屋主找上我，表明希望把房子租給我。這間房子的屋況並不差，屋主本身非常愛惜房子，所以在打算出租之前，就已經花了一些錢，把房子重新整理過，全新的地板、全新的系統櫥櫃、全室粉刷、甚至連廁所都重新翻修，加上地點位置絕佳，是一間絕不愁租不出去的房子。事實上屋主在找上我之前，就已經委託仲介掛牌，有大把的人接洽希望承租，然而屋主卻唯獨青睞，希望租給我這個二房東。

我問：「請問您為什麼租給我，不租給其他人呢？」

屋主回答：「我上網看過，你的每間房子都非常漂亮，而且看起來你對租客篩選還有管理是很嚴格的。這是我爸爸留給我的房子，我希望有人可以好好照顧它，你看起來就是那樣的人。」

這棟樓的鄰居都是第一手屋主，也就是老居民，當聽到這戶要出租，而且是給二房東，不免感到擔心，於是在裝修的過程裡，施加了不少阻力。屋主聽聞，便耐心地向所有住戶說明，我會怎麼管理這個房子，甚至把我其他房子的改造成果分享照片給鄰居們看，大大減少了他們的擔憂。在不斷地反覆溝通、彼此了解的過程裡，與鄰居們逐步建立了信任，最終老居民們不但不再反對，甚至開心地對我說：「以後我的房子如果要裝修或是出租，你也要來幫我弄喔！」

回到題目，屋主幹嘛不自己賺，要給二房東？

30 年以上屋齡的公寓，持有者多半是 60 歲以上長者，房子閒置，表示他們本身不缺住所，擁有 2 間以上房產；他們多半經濟無虞，甚至事業繁忙，或者不住在國內。對於這些房屋持有者來說，租金並不是他們最大的考量，承租人能不能好好照顧他的房子、能不能讓他無後顧之憂，才是挑選承租人的重點。

另外，二代繼承房產的情況也越來越多，40 至 50 歲的中生代，多半另購居所，而不會住在繼承來的舊公寓裡，也使得房屋閒置。對於這繼承而來、多出來的房子，本身不以租金為主要收入的繼承人，多半不傾向自行管理，希望委託給專業人士。進而使得包租代管這項「專業二房東」的職能，在房產二代繼承人中，

接受度較上一代又高出許多。

　　以上 2 個案例，屋主的想法並不是個案，而是在租房市場第一線接觸到的最多數情況。所以，好的二房東和屋主之間其實並不是競爭關係，而是在互相理解的基礎上，攜手合作活化閒置空屋，屋主輕鬆退休、我們賺取為房子翻修後租金增值的合理酬勞、也為租客創造出更有品質的居住空間。

包租、代管大不同

　　想做包租，30 萬起步價就可以開始，那如果連 30 萬也沒有呢？有沒有無本生意呢？有，可以從「代管」開始做起。

　　「包租」與「代管」是兩種不同的管理模式，包租是二房東承租後再轉租，而代管只是屋主的代理人身分，租客合約仍然與屋主簽訂，日常的房屋維修、租客管理事宜，委由代理人處理。兩者實質上的差別在於，包租與屋主簽訂的是長期「租約」，賺取的是租金收入扣除每月應付給屋主租金之後的「價差」，不管有無順利轉租，每月都需付約定的租金給屋主；而代管與屋主簽訂的是「管理約」，賺取的是固定比例的管理費。

　　什麼情況下比較適合採取包租模式、什麼情況又比較適合代管呢？由於包租模式的獲利來自房屋翻修改造之後的價差，因此比較適合屋況不好、屋主又沒有意願修繕的房子，如果原先屋況

已經非常好，這時對於二房東來說，能透過翻修方式來提升租金的空間有限，因此也就不適合採用包租模式，而需考慮代管。代管模式適合屋況好可直接現況出租的房子，對於管理人來說，無需額外投入翻修成本，但是又能夠協助怕麻煩的屋主來管理房子，賺取管理費。

假設有一間屋況不佳的中古公寓，屋主希望以2萬5千元出租，這時如果手上有30萬的資金可以運用，那麼就可以用二房東的身分來跟屋主洽談「包租」，用2萬5千元向屋主承租5年，然後將房子重新翻修並且轉租，翻修之後出租的價格，相較於沒有整理過的房子，租金可以增值變成5萬元，這當中的2萬5千元，就是二房東的「價差」收入。

如果手上沒有30萬元，這時可以向屋主談：「我幫你管理，以後房子有問題我幫你找師傅來估價，你同意我才維修，然後向你請款，租客的租金也由我幫你催繳，每個月付我租金的10%作為管理費，也就是2千5百元。」這就是管理人的「管理費」收入，有些人則會說服屋主出錢裝修，租金增值之後，能夠賺取的管理費也隨之提升。

這個例子中可以知道，如果能夠投入裝修費，為老舊的房子翻新增值，能夠賺取的價差收入是2萬5千元，而沒有投入翻修，

租金沒有增值空間只能以原價出租，管理費也就只能收取 2 千 5 百元，包租的收入是代管的 10 倍。前期投入小額資金以換取更高的報酬，就是所謂的「金錢槓桿」，只是相對的，也要承擔房子租不出去卻要照樣付給屋主租金的風險。代管則因為不需要投入資金，可謂零風險，所以如果一開始資金有限，代管模式也不失為一個賺取零用金的方法。

包租 V.S 代管

	包租	代管
裝修成本	15 ～ 30 萬	無成本
空置成本	空置期仍然需要向屋主付租金	無成本
修繕責任	自負盈虧，省去與屋主溝通的時間，修繕處理能夠比較即時	房東負擔，房東做決定，溝通時程冗長
獲利來源	租金收入與支出的價差	租金的 10 ～ 15% 作為管理費

另外一種常聽到的「社會住宅」包租代管，則是需要由立案的包租代管公司向政府申請成為專案的執行單位，並不是每一間包租代管公司都有承作。社會住宅的立意是希望降低民眾的租房壓力，在符合一定條件下才能申請，所以租金必須低於市場行情，而且不能篩選租客，申請人只要符合條件就能承租，對於房東來

說實際上是承擔比較高的管理風險，而管理公司的績效並不與「租客素質」關聯，「租掉」就能向政府領取補助金，自然容易出現「租後不理」的現象，留下爛攤子給屋主收拾。屋主雖然能夠獲得修繕費、公證費、火災險的補助，但需要考慮管理風險來衡量利弊得失。也因此，在房東社團裡每每討論到「社會住宅」，留言的房東總是超級不推薦，各種房子被破壞、租金欠繳、代管公司不理不睬的抱怨，作為租賃住宅第一線的管理人員，看到這樣的抱怨總是恨鐵不成鋼，一個立意良善的制度設計，因為考核機制與居住品質脫節，加上重「量」不重「質」的目標導向，讓政策成為冷冰冰的數字，也讓屋主對立意良好的政策反而產生了負面觀感。

如果是對房子很有感情又愛惜房子只是實在沒有心力打理的屋主，我很推薦用「一般包租代管」的形式委託，把房子委託給包租代管公司實際上並不一定需要加入社會住宅，同樣享有稅賦優惠。

在實務上，我經常接獲屋主的邀約，希望把房子委託管理，不過大部分的屋主並不清楚包租、代管和社會住宅的差異，執行社會住宅專案的包租代管公司往往刻意引導屋主加入社會住宅，卻不告知可能存在的風險，甚至是誤導房東使其認為沒有其他的

選項，雖然這可能是個別人員的操作問題，仍然影響了屋主完整的知情權。

　　租屋服務的專業化畢竟是一個新興的服務產業，有許多包租代管公司都是發展自房屋仲介，雖然有許多年輕的團隊加入，但是目前還是有大量從業人員與傳統仲介高度重疊，仲介背景轉型做包租代管時，總是給人一種「產業很新，作法卻很舊」的落差感，也總是令人感覺資訊的取得無法完整透明，如果大家又因為「水很深」選擇不去觸碰，知道如何從中套利的人就可以利用資訊的落差，默默地主宰租房市場，這正是我當年投入租屋市場最想改變的事，也是我為什麼鼓勵大家應該主動參與改變租房市場。此外，從我這幾年輔導許多學員的經驗發現，無論是包租還是代管，越從租客的角度出發、越不受傳統房仲思維影響的二房東，越能讓人感受到熱情與真誠，越能受到屋主與租客的信任。

第2章

二房東的

獲利模式

01

空間與時間的
交互作用

　　一樣是二房東，不同的管理方式、行銷方法、甚至是不同的設計風格，都會產生不同的獲利模式。例如有些人喜歡與人接觸、交朋友，就會選擇以「日租」的形式來經營，廣告發布在 Airbnb 上，房子的設計與佈置風格，就要根據旅客的需求來進行設計。而如果是希望管理比較輕鬆，一次簽久一點，就要使用「長租」的模式，出租對象就不會是旅客，而是城市裡的上班族。

　　二房東並不擁有房屋的產權，而是擁有「使用權」，因而我們的獲利並非來自房產買賣時賺取的「資本財」，而是來自經營、管理、提供服務的「經營財」。一個閒置的空間要如何活化產生價值呢？必須由「人」去主動進行規劃，藉由經營方式的變化，創造不同的獲利模式。

空間的活化簡單來說，就是對「時間」與「空間」進行切割，再產生交互作用。以下用一個圖表來舉例說明時間與空間的切割如何創造價值，水平軸是對空間的切割、垂直軸則是對時間的切割：

	整租	套房	雅房	床位
長租	家庭式公寓	分租套房	家庭式共生公寓	學生宿舍 共生公寓
短租	Airbnb	Airbnb	Airbnb	共生公寓
日租	Airbnb	Airbnb	Airbnb	青年旅館 背包客棧
分時	Motel	鐘點休息 Hotel	？	膠囊旅館

同樣的空間，因為時間分配的不同、空間規劃的不同，產生不同的產品樣貌。空間從不進行切割的整層直接出租，到切割成套房、雅房，或切割成床位形式出租，如果再切割下去，還可以變成「塔位」，靈骨塔出售，事實上就是把空間切割到櫃體的大小，再進行長期出租並代為管理的模式，算是對空間切割的一種極致了。空間規劃有各種形式，經由不同的排列組合，產生創意，這就是在對空間進行「內容經營」，能夠產出內容，就能吸引人流，就能創造價值，表中帶有問號的「雅房」與「分時」的交互，

就等待大家發展新的創意商品了。

　　空間或時間切割的越細碎，代表出租的交易次數越頻繁，通常也代表能獲取更高的營收，不過相對的，就需要投入更高的裝修資金、更多管理的時間與人力成本，因為裝修及設備的損耗更大、點交打掃的次數更多、廣告行銷的成本也越高，我們可以把日租想像是在經營旅館，每個客人只住一、二天，接待及打掃幾乎可說是 24 小時待命，需要上架到瀏覽率高的住宿平台上，也會產生需要付給平台網站的行銷成本。另外容易被忽略的是，空間切割得越細碎，也代表租客失去越多的隱私，這會影響居住時長的意願，因為租客是不願意長期住在隱私不足的空間裡的，所以床位形式的出租，只適合短租及日租。

　　我有一位學員在學習我的課程之前，在台北市經營日租的Airbnb，在 covid-19 的疫情尚未出現之前，旺季雖然有不錯的收入，淡季沒有遊客卻可能空置好幾個月，每當生意好時，卻又勞心勞力，每天帶看、每天打掃，日租無法篩選租客，因此還要應付各種奧客的奇葩要求，長期下來不但覺得身心疲勞，一整年下來的收入也不如預期。正當不確定是否應該轉型的時候，參加了我的課程，與他心裡所想一致，長租可以獲得更穩定的收入同時又能減少經營成本，讓他的身心都獲得自由的解放，毅然決然將

公寓轉為長租經營的共生公寓，在 2020 年疫情來襲之後，當旅宿業一片哀鴻遍野，他卻逆風高飛，年收入不減反增，回想起來心有餘悸，告訴我說：「老師，你是我的恩人！還好我報名了你的課程，聽你的話改做長租，不然我現在一定很慘！」

　　疫情的出現使得長租與短租市場出現了變化，由於沒有了遊客，日租型態的旅宿大量轉型為長租模式，使得長租市場中的租客多了更多的選擇，不過是否真的壓縮了長租公寓的市場份額呢？如果把場景放大，會發現其實不一定。你仔細看看日租型態的套房、旅館、青年旅舍，原始的空間規劃並不是為了長住而設計的，長住的租客與日租的遊客對於空間及設備的需求是不一樣的，例如衣櫃，對於日租遊客來說並不重要，但是長住的租客必須考慮收納問題，沒有收納衣物空間的房子是很難租得出去的。我們可以觀察，旅館套房本身的設計概念並不考慮收納，也不考慮做菜與洗衣設備，因而在空間佈局規劃之初就採盡可能地壓縮空間以提高坪效；而長租公寓的設計必須融入「家」的概念，規劃日常生活所需的機能空間，兩者是完全不一樣的設計邏輯。因此日租旅宿空間要轉型為長租，第一個面臨的考驗就是機能不足，而格局屬於先天條件，難以用簡單的裝修佈置來克服，除非砍掉重練，於是這樣在短租與長租之間搖擺的空間最後很容易淪為四

不像，既不受遊客青睞，也不討長租客喜愛，也就談不到日租轉型的公寓會壓縮長租市場份額了。

租期越短，經營的方法越為複雜，旅館管理更是與公寓管理相當不同的另外一門學問，如果是管理經驗不足的新手入門，要盡量避免日租。時間切割造成的管理複雜化，同樣適用於空間切割的情況，適當的空間切割可以提高坪效，但是過度切割則會導致隱私不足居住體驗差，前幾年租房市場常見的床位出租，就是很經典的例子，仔細觀察，會發現其實空置率非常高，不會每一個床位都是滿租。

長租公寓的經營，在合乎政府規範的前提下，時間與空間的規劃可以保持一定的彈性，淡季時節可以用短租來過渡彌補收益，等到旺季再轉回一年一簽的長租模式，這樣會是比較穩健而永續的經營方法。

長租市場的淡季通常是落在 12 月至過完年，隨著上班族開始轉換工作，有搬遷的需要，租房的需求也就隨著提高，所以 12 月至 1 月左右的這段時間，看房的人是比較少的。像這樣空置的時候，我會開放彈性租期，如果遇到需要短期租賃的人，也可以把房子租給他，甚至可以把房子拿來做其他更有創意的運用，例如我曾經幾次把房子租給影視公司拍片，有些廣告、微型電影需要

家庭式公寓的場景來作為拍攝場地，短則一天、長則一個月，出租給他們的租金收入用來彌補淡季的空置，算是不無小補。

02

二房東起手式——
先決定經營模式

　　我回台灣以後準備改造第一間的出租公寓時,當時心裡是有點慌的,我離開台灣太久,這個地點也不是我平常居住的地區,對於街區的居住人口組成、租房需求、誰在找房,輪廓都是非常模糊的,如果我貿然投資下去,結果根本沒有人要租,該怎麼辦呢?

　　我想起了從前在台灣創意設計中心(現改名為台灣設計研究院)工作時,參加了一場來自美國史丹佛大學設計學院(Standford d.school)所舉辦的「設計思考工作營」(Design Thinking Bootcamp)。設計思考的意思是,不論我們從事任何行業,不論所提供的是實質的產品還是虛擬的服務,都需要進行「消費流程的設計」,也接近「服務設計」(service design）的概念，從目標買家的設定、消費場域的環境、激起消費慾望的觸動點（touchpoints）、到購買之後的使用體驗，每個環節其實都需要精心的設計，過去我們只專注於產品本身的設計，以為產品好，消費者就一定會買單，卻忽略了消費行為其實是一連串關卡的破關結果，如果在當中的任何一個環節卡關，消費就會失敗，就好像一個購物 app 總是讓你找不到付款的按鈕，很快就會失去耐性把它關掉。

　　套用到租房的場景，把一間公寓改造得漂漂亮亮，就一定有人買單嗎？這只是最基本的「把產品做好」，還構不成能夠找到租客、完成簽約的條件，在著手開始一間公寓的改造之前，我們還需要先設定目標客群、規劃出租模式。設定目標客群的方法，在設計思考裡稱為「用戶畫像」（persona），我把它改稱為「租客畫像」；而規劃出租模式則是引用「服務設計」的概念。

　　簡單來說，「租客畫像」就是「租給誰」，而「服務設計」是「怎麼租」。出租房子，就像賣產品一樣，房子就是我們的產品，所以在決定開始經營出租生意之前，要先設定好租給誰、怎麼租？

◆ 設定租客畫像，決定租給誰 ◆

「租客畫像」是透過資料分析、問卷調查及街頭訪問，將潛在租客的樣貌勾勒出來，他是男生還是女生？是學生還是上班族或是遊客呢？是家庭還是小夫妻？年齡層是幾歲到幾歲呢？從事什麼行業？收入多少？上班的交通工具是什麼？對於租客畫像勾勒得越清楚，越能針對他們的喜好來設計房子，也就越容易獲得他們的青睞。產品設定將決定這個房子會吸引到誰、租金價位是哪些族群可以接受的。

要租給學生的房子、和要租給家庭的房子、以及要租給遊客的房子，其實都長得不一樣，產品要根據不同的對象來做設計。舉例來說，如果決定要做 Airbnb 租給遊客，其實是不需要買衣櫃的，因為日租的遊客只待一兩個晚上就走了，他們只會把行李箱攤在地上，根本不會打開衣櫃；可是如果沒有準備吹風機，大概晚上就會接到投訴了。那麼如果租給上班族，就不會需要準備吹風機給他，長租的上班族一定會準備自己的生活用品。這些設計的細節，都是在決定要與屋主長租房子之前就要決定了，否則事後改來改去，會浪費更多時間跟金錢。

不買房當房東

◆ 怎麼租 ◆

　　你希望和租客是一年一簽、三個月一簽、還是按天日租呢？一年一簽我們叫做「長租」，短於一年的都叫「短租」，租期不滿一個月的就叫「日租」。租期的長短，關係到未來管理房子需要投入的時間和精力，租期越短，代表租客的流動性越大，也就要花越多的時間帶看、打掃、照顧這個房子，管理成本是比較高的；另一方面，因為頻繁的流動率，空置期也會相對比較長。不過，租期越短，租客對於租金的敏感度也越低，越能接受比較高的價格，因為短期租房、或者日租的遊客，需要的是方便，而且對地點的交通便利性會更加地要求，因此租金單價可接受的範圍也較大。

　　日租的風險，在前面一篇已經提過，還要注意，在台灣要合法經營日租必須擁有旅館或民宿執照，一般住宅是不可以簽低於一個月以下的租約的，所以要做 Airbnb 不是不可以，但租期必須在一個月以上。

◆ 避免跨區經營，租客畫像淪為想像 ◆

　　由於我們並不是具有大規模市調能力的企業，在做租客畫像的時候多半憑主觀印象來規劃產品，並不能完全反應市場真實情況，對於區域裡潛在租客的認識，多半還是要靠經驗的傳承，但租客畫像能幫助我們確認自己的想法，不會明明想租給單身貴族卻做出了吸引到家庭的房子。有時候市場也會給我們驚喜，精心設定了租客畫像，最後來看房的租客卻完全不是原先想像，在實戰班的現場演練中，就經常出現這樣的有趣場景：假想物件位於行天宮附近，新手學員經常想像會在這裡租房的是附近上班的金融業、旅遊與航空公司工作人員、空姐；然而以我們在此實際經營多個物件的經驗，卻顯示了行天宮一帶的共生公寓租房人口幾乎不是上述任何一個行業背景，而是多半來自跨區的找房者，有在南港上班的白領、有來自內科的工程師、亦有在天母上班的服務業從業人員，幾乎無法歸納出共同的特性。行天宮由於地理位置身處各種交通工具的樞紐，可以坐公車、可以搭捷運、也可以開車走高速公路，因此打破了區域的隔閡，廣納四面八方的上班族。又或者北醫的吳興街，新手房東經常設想找房者來自北醫學生、護理師或醫生，實際的經驗卻告訴我們，醫生、護理師鮮少

成為我們的租客，因為醫院提供宿舍，消化了大量找房人口，吳興街出租房承接的是來自市政府、台北101、世貿周邊的上班族。

　　在自己熟悉的區域操作，都有可能得到意想不到的結果，更何況是自己不熟悉的區域呢？因此我總是建議新手房東務必從自己居住的周遭環境開始嘗試，千萬不要一開始就想跨區經營，明明住桃園卻要經營台北市的物件、或是住台北卻要經營台中的物件。房地產是一個非常「在地化」的行業，別說台北市與桃園市的租客不同，新北市的租客就跟台北市不同了，信義區和大安區的租客也不同，僅相隔一個捷運站的距離，東門和古亭的租客也不同！跨區經營的風險除了對於當地市場不熟悉，容易誤判潛在客群，還會因為物理距離導致身心俱疲，事倍功半，全心經營自己熟悉的區域，才能降低試錯成本，發揮最大的管理效率。

	長租（一年以上）	**短租**（一個月以上不滿一年） **日租**（三十天內）
主要客群	・上班族 ・家庭 ・學生	・遊客 ・商務客 ・工作轉換的空檔
地點要求	・雙北市騎機車五分鐘 　可達捷運站即可	・捷運站步行 7 分鐘內 ・核心商業區或景點附近
設備需求	・基本家具家電即可 ・對衣櫃及收納空間有要求	・吹風機 ・沐浴乳等耗材備品 ・枕頭床單等寢具 ・一卡皮箱入住 ・不要求衣櫃或收納空間
管理成本	・需要帶看 ・一年退房打掃一次 ・不需要準備耗損品 ・佈置是加分 ・有淡旺季但不如短租敏感	・不一定需要帶看 ・每次退房打掃 ・佈置是基本 ・有明顯淡旺季
行銷成本	・591 廣告費 ・仲介費	・旅遊訂房平台服務費 ・仲介費
屋況維持	・較不可控	・租客不會擅自變更家具擺設 ・每次退房進行維護

想經營共生公寓，你必須成為你自己的租客

　　對於新手二房東的同學們，我強烈建議你住在自己經營的共生公寓裡。無論做了多少市場調查、做了多少租客畫像，你對共居生活的理解還是僅止於想像而已，雖然這些經驗可以透過別人的口述分享，但是親身體驗可以帶來的深刻理解，絕對是任何學習工具都無法比擬的。我做租客畫像的設計時，會反覆的思考採購每一項家具、每一項家電的必要性，有鑑於過去租房的經驗，總是沒有選擇地接受所有房東留下的家具，卻不一定是我想要和需要的，唯有親身經歷，作為共生公寓裡的真實居民，才能明白什麼是我們的目標客群真正想要的生活。

　　我很常在自己剛完成的作品裡住上一段時間，感受這個空間和環境是不是如當初所想，是否也同樣獲得租客的喜愛。室友是不是真的和我想的一樣不看電視呢？室友是不是真的覺得我設計的開放式衣架和抽屜櫃比有門衣櫃好用呢？冰箱到底需要多大呢？幾個人共用一間衛浴是可以被接受的呢？所有的這些問題，只有自己住過，才知道真實的答案。

　　每次討論到公寓裡應該有哪些設備，總是有學員問我：「是

不是應該在房子裡架設監視器呢？」第一次聽到這個問題時，我其實是非常震驚的，原來我們的世界觀如此的不同，我實在無法想像在我的「家」裡，隨時有一台監視器對著我，難道我是在坐牢嗎？我忽然意識到，從來不曾在外租房子住的人，是真的無法想像租客生活的真實場景，又或者一輩子都是出租套房的包租公婆，將慣性思維套用至共生公寓，想要複製套房出租模式，這是非常可怕的想法，那些人云亦云的規矩，常常是拿明朝的劍去斬清朝的官，完全不因地制宜。

　　你真的需要自己親身體驗，請住在自己的共生公寓裡吧！

了解你的租客——租房的分眾市場

　　時間與空間切割下的交互作用就能產生創新經營模式，長租、短租及日租屬於時間的分割，而空間的分割則會形成「整租」、「套房」、「共生公寓」等不同的產品型態，每一種型態會各自吸引不同人格特質的客群。

　　「整租」形式的意思就是「整層一起出租」，例如一個三房公寓，直接租給一個家庭，只簽訂一份合約。這樣的出租方式，屋況只要維持在可居住的水準，可能連家具家電都不需要附，以現況出租，因此以投入的金錢與時間成本來看，是最輕鬆的。不過風險在於，一個空間完全交付以後，在出租期間，出租人是沒有權利進到這個屋子裡的，基本上可以說是完全失去對房子的控制力，如果租客篩選得不好，也許一年之後房子

收回來，已經完全認不得了，被破壞得體無完膚，甚至變相做為機房、聚賭場所，都是有可能的。選擇整租的租客背景最為多元，可能是家庭、可能是夫妻、可能是情侶、可能是單身高收入、可能是學生或白領上班族一起合租，基本上誰都有可能，而「套房」出租的本質和整租其實是一樣的，因為房間與房間各自獨立，租客在裡面做些什麼，誰也不知道。因而從風險管理的角度來說，整租或套房由於租客篩選力較弱又失去對房子的控制權，屬於出租業態中風險最高的。

選擇「整租」的客群多半有特定的使用目的，例如家庭，成員較多，可能有小孩，需要獨立的空間，不適合與他人共居；或者朋友合租，可以共同分擔租金，降低壓力。套房因為空間狹小，比較少有家庭租住，租客群體多半為年輕的單身或情侶，成家後會遷居到更大的整租空間。套房的租客群體和整租大量重疊，只不過按照年齡和經濟條件分階段性時間入住，也就是同一群人，年輕時住套房，年紀稍長、經濟條件改善、成家，就會轉入整租公寓。

而「合租」形式的客群，則與整租和套房是完全不同的分眾市場，幾乎不重疊也不互相流動，也就是說選擇合租的人，不會想住套房；喜歡住套房的人，也不會轉入合租公寓。不過

在這裡我們要區分一下，在合租型態下，有「傳統雅房」、也有新型態的所謂「共生公寓」，傳統雅房的定義是沒有舒適的公共空間，或者與房東同住，房東只是將自家空餘的房間分租，增加零用金；而「共生公寓」是在傳統雅房的基礎上做創新，不與房東同住、擁有令人自在的公共空間、自由使用的廚房、年紀相仿或志同道合的室友。

所以在合租的形式下，租客也大致分為兩類：一類是學生或低收入，負擔不起整租或套房的租金，這一類租客會選擇租金較低的傳統雅房；另一類則是在出租房中尋求較貼近「家」的溫馨感，他們並非因為付租能力不足而選擇合租，而是因為看重共生公寓擁有足夠的「公共空間」、或者有完整的「廚房」可以做菜，這兩個特性都是套房所沒有的，並且不需要找朋友一起合租，直接就能用一個房間的租金價格享有一整層的家庭式空間，室友會由房屋管理人來幫忙配對尋找，是對於嚮往家庭式公寓氛圍的租客來說非常經濟的選擇。

以下提及合租型態，都將以「共生公寓」為主，也是本書教大家如何透過轉租獲利的產品類型。

以雙北市 30 坪左右住宅為例，不同出租形式的比較：

	整租	套房	共生公寓
主要客群	· 家庭 · 朋友合租	· 單身 · 情侶	單身
租客性格	· 需要獨立空間 · 只想和認識的朋友一起住，並且需要有人一起分擔租金	· 外食為主，對做菜要求不高 · 較為內向，不喜交際 · 普遍喜愛看電視、第四台	· 較開朗活潑 · 樂於分享 · 重視客廳、廚房及休憩區等公共空間 · 上網需求高於看電視
地點要求	若為家庭，較不受交通方便性限制	都會區，上班族或學生較多的地區	都會區，上班族或學生較多的地區
設備需求	可現況出租	需要附帶家具家電	需要附帶家具家電
管理成本	· 只需管理一名租客（一份合約） · 水電瓦斯帳單交由租客自行處理	· 獨立門牌套房只需要管理一名租客、水電瓦斯帳單交由租客自行處理 · 同一地址分租套房則需管理多名租客、每月需抄各房電錶度數	· 管理多名租客 · 水電瓦斯帳單由租客自行計算分攤、繳交 · 公共區域的設備維護與費用負擔
凶宅指數	★★★	★★★★★	★

＊凶宅指數：越多星星代表風險越高

不買房當房東

整租、套房、共生公寓三種型態中，吸引的客群不同、租客性格不同、需求也不同，如果用套房的思維來規劃房子，就不可能吸引到合租的客群，反過來說也一樣。大家千萬不要誤會「房子都一樣」，你的產品長相本身就會決定吸引到什麼樣的租客，如果沒有量身訂做，是找不到對的租客的，租客不對，後續也就衍生出管理的問題，產生系統性風險，延伸至凶宅發生機率的討論。不同產品我分別給了不同的「凶宅指數」，我在下一篇會做詳細的說明，為什麼套房凶宅風險最高，而共生公寓風險最低。

04

為什麼共生公寓的凶宅發生機率最低

　　房子出租，最擔心的風險除了欠繳租金，莫過於變成「凶宅」。凶宅問題是房東與學員提問的第一名，是租房市場裡的佛地魔，大家雖然都沒有碰到過，但是大家每天都在擔心。有沒有安心收租不必擔心變成凶宅的方法呢？這個問題我無法給出斬釘截鐵的保證，但可以從經營模式來分析，把租客日常生活的場景放大來看，就能發現問題的根源，並且找到降低風險的辦法。

　　在整租、套房、共生公寓三種出租產品的「凶宅指數」中，我給整租3顆星、套房5顆星、合租只有1顆星，也就是凶宅在套房的發生率最高，而在共生公寓裡很難發生，原因在於共居生活的型態下，室友之間將自然形成「關懷體系」。

　　在共居的生態中，一個室友突然幾天不出房門了、性格突然

不買房當房東

變了，每天生活在同個屋簷底下的室友一定會發現，至少都會口頭關心一下：「你還好嗎？」或者敲敲門關心有沒有吃飯，再不然也會告知房東，說有個室友最近怪怪的，需不需要來了解一下狀況？這樣的關懷系統是共生公寓所獨有的，和獨居的套房、整租不一樣，獨自在家，情緒上出現異常情況沒有人能即時給予關心，也可能因為獨居遭歹徒覬覦尾隨，才發生不幸事件，因此可以說共居型態的本質，就是一種分散風險最好的辦法。

　　我曾經有一間公寓，一位租客因為失戀鬱鬱寡歡，有一天忽然失蹤了，沒有向室友交代去向就好幾天沒有回來，只在群組裡留下訊息：「我離開一段時間。」室友都嚇壞了，聚集起來討論該怎麼辦，整理了一下手邊有的線索，有人知道他在哪裡上班、有人則是認識他的一位朋友，於是分工向所有可能與他有聯絡的人主動接觸，詢問是否有他的蹤影。他沒有去上班，但是公司同事打了電話給他，友人接獲消息也嘗試與他聯絡，不過他都沒有接電話，只能不停向他發出訊息。通知到我這裡以後，我們調出他的租約，上面記載了緊急聯絡人，是他的家人，於是我們也緊張地向他的家人告知他的情況，並詢問是否回了老家，家人也說沒有回來。兩天又過去了，正當我們慎重考慮要報警之際，終於接到他的訊息：「抱歉讓大家擔心了，我在朋友家，今天就會回

去了。」他得知室友都為他如此擔心焦急，除了感到抱歉，也同時被這樣的溫暖所感動，他說因為這樣，讓他感受到雖然失戀了，卻一點也不孤單，瞬間心情就恢復了大半，所以趕緊回來，不讓大家再擔心。

還有些公寓，裡面總有一、二位室友擅長做飯，大家就把伙食費集中起來成立公基金，每天的晚餐就交由這位大廚處理，難免有人加班晚回家，也不忘留一份給他回來加熱吃；還有室友熱愛鮮花，每週都會訂花送到家裡，一開始只放在自己的房間裡，室友知道了，鼓勵他放在客廳，每個人回到家都能聞到清新的花香，室友也開始愛上鮮花了，一起贊助買花費；有的公寓室友則是熱愛零食的愛吃鬼，每週都採購來自韓國、日本、東南亞各式各樣的零食，室友們試吃著也開始愛上採購零食了，乾脆一起採購，每到週末一起看著電影、配著零食，週一又能滿血復活開始工作。

「共居」成為城市生活裡的精神糧食，離開家的日子，室友就是家人，他們比血緣關係的家人更能理解你在生活裡遭遇的快樂與悲傷，更知道什麼樣的方式能讓你滿血復活、什麼時候又該讓你靜靜，因為聚集在這個公寓裡所產生的親密感，可能比久久見一次的家人還要踏實。

相較於套房，選擇合租的人在性格方面也比較偏向樂觀，樂於分享、與人交流，本身憂鬱的潛在風險就較低，所以我們在帶看的時候也會觀察租客性格，是否開朗、是否樂於分享、言辭是否坦然不閃爍，這些也是重要的線索。

　　而在共居生活裡，最常被租客問到的問題是：「請問你們是只限男生或女生嗎？」「這個房子可不可以只租給女生？」「我不想跟男生一起住可以嗎？」以女性租客的角度來看，她認為家裡有男生不太方便、或者不太安全，不過她忽略的是，一個會被歹徒覬覦、尾隨上樓的公寓，往往都是因為家裡沒有男性，一個只有女性居住的公寓是很好辨識的，從陽台曬的衣物就看得出來了，而歹徒不會笨到明知家裡有男性還尾隨上樓，從這個角度來看，家裡有男性反而才是安全的，當然前提是租客都是經過篩選的，如果作為房東的你根本沒有在挑選租客，亂七八糟的人也租，當然對於女性室友是很沒有保障的。在嚴格挑選租客素質的前提下，我對於共居公寓所有的租客設定都是男女不拘、性別友善，只有遇過男女室友因為相愛了而一起搬出去共築愛巢，倒沒有遇過租客對室友進行騷擾，一個心智正常的成年人，不會傻到騷擾每天要見面的室友，不要忘了室友不會只有一個人，性騷擾會讓他在這個團體裡顏面掃地，只想找個地洞鑽下去，這又是共居的

「關懷體系」所發揮的作用，不僅能避免失意時想不開、避免來自外面的危險，還能對內部的不安全因子產生制衡作用。

所以面對提出這樣質疑的租客，我都會回答：「哎呀，有男生的房子才安全！外面的壞人才不會尾隨你上樓，而且家裡有男生多好，苦力都給他做呀！換燈泡、東西搬不動，就叫男生來幫忙呀！有男生才好！」這是他們先前從未思考過的角度，打破了這樣的迷思，大部分也都能欣然接受，少數還是不能認同的，也不必強求成為共生公寓的租客。

另外也要打破一個迷思，許多房東認為女生比較愛乾淨，所以限女性，其實如果有足夠的管理經驗，會發現愛乾淨的男性並不少於女性，而女性要髒起來，那是天皇老子都擋不住，你有看過「港湖女神」的房間嗎？愛不愛乾淨是和這個人的心理狀態及生活方式有關，與性別無關，「女生比較愛乾淨」是這個世紀最大的迷思啊！

在我交手過上萬名租客的經驗中，從來沒有發生過非自然身故，與其說幸運，我認為是因為有意識地選擇經營模式使然，套房與整租的獨居模式先天上決定了承擔較高的經營風險，這也是我專注於做共生公寓的原因。

然而並不是說套房就不能做，還是有一些可以減少損失的方

法，目前有許多保險公司都針對出租房推出了「凶宅險」，也就是如果不幸發生非自然身故，可以獲得理賠，雖然賠償金額不高但不無小補。另外，也可以在合約中加上「惜命條款」，聲明若租客在租住期間發生非自然身故，出租人可以向租客的家人求償。保險或是惜命條款並不能預防凶宅發生，只能說是萬一不幸發生，可以減少一些損失的補救作法。

有些房地產老師宣稱自己有很多處理凶宅的經驗，作為學員，你應該要思考：「為什麼他經營的出租房會有這麼高的機率變成凶宅？」如果在整個租房制度與流程的設計本身就迴避掉這種系統風險的話，是很難有機會遇上這種事情的。所謂的租房制度與流程設計，舉例來說，很多人鼓吹使用「電子鎖」來控制門禁，聲稱可以輕鬆在家看著手機或電腦螢幕就能帶看，只要透過雲端遙控開門，讓租客自己進去看房，合約也電子檔勾一勾就好了，不用出門就能輕鬆收租，好不愜意！

真的這麼簡單嗎？要知道，「帶看」和「簽約」其實都是「挑選租客」的重要過程，只有面對面看到人，與他對話，才能對於他是否為合適的租客做出比較全面的判斷，如果這個環節省了，是沒有辦法對租客素質做出判斷的，而風險也就伴隨而來，看似輕鬆，結果卻是後患無窮。科技能夠輔佐人類讓我們的工作更輕

鬆，但是關於對「人」的判斷，科技是永遠無法取代的。

　　我還看過一位老師在公開的影片大言不慚地誤導觀眾，說「欠租的人我只要15天就能讓他搬走」，還煞有其事的引用法律條文，塑造自己是法院常勝軍的形象、處理過無數欠租的租客。而事實上法律條文規定的是租客欠租「達兩個月租金數額」才可以合法主張終止租約，擅自闖入、斷水斷電、換鎖，都會有觸犯刑法「侵入住居罪」與「強制罪」的疑慮。如果你的租客經常欠租，那代表的是你的租房流程和制度本身出了問題，欠缺系統風險管理，租客才會都在欠租啊！沒有從根本性來思考系統性風險，再多的處理欠租經驗也不過是證明這位老師經常在收拾自己的爛攤子罷了。

　　因此當有人提倡租房管理應該怎麼樣可以讓自己更輕鬆的時候，不要忘記，「有效的流程設計」才是避免風險的根本性方法，而不是用了一大堆高科技之後根本沒有考慮到制度本身的邏輯就有問題，最後再驕傲地說我有豐富的拾爛攤子經驗，這豈不是本末倒置嗎？

共生公寓已成為世界潮流

　　共生公寓的「共生」就是「共同生活」之意，本質上其實是「合租」型態，與傳統雅房最重要的差異在於「共享精神」。傳統雅房並不追求室友之間彼此的情感連結，僅提供一處睡覺的落腳之地。而共生公寓的共享精神，強化公共空間作為室友之間情感交流的場域，同時保有獨立房間作為私密領域，進而更能貼近家的氛圍，創造使人身心更放鬆自在的空間。除了情感上的分享交流，也共享公共空間中一起使用的家具、家電設備，同住一個屋簷下，水、電、瓦斯等能源費用也需一起分攤。

　　共生公寓的格局也經常出現混搭：有全雅房型、有全套房型、雅套房混合、或上下舖床位的組合，不論空間上的格局如何規劃，也不論出租型態為長租或短租，只要展現了「提供交流的公共空

間」、「機能完整的廚房」，就符合了共生公寓的基本精神。

選擇租住共生公寓的主流客群年紀在 20 ～ 38 歲之間，近年有逐步上升至 40 歲的趨勢，由於現在不婚族越來越多，個體的生活方式也越來越多元，許多人 40 歲依舊過著像是 25 歲的生活，甚至越活越年輕，光看外表已經很難分辨實際年齡。單身、追求個人的自我實現、不拘泥於社會集體價值觀的期待、有獨特的思考能力，是共生公寓主流客群的特徵。

這類族群，並非因為共居型態的租金較便宜才選擇共生公寓，而是因為重視生活品質，不願意屈就於狹小的套房空間，一個人租住一整層，又不符合經濟效益，共享精神之下的共生公寓無疑是合理的解方。然而確實有一部分年紀較輕、經濟條件尚不穩定的族群，單純希望有人共同分擔租金，轉而進入共居模式。亦有一部分人，是外籍人士，以國際交換學生為主，這些租客選擇共居原因在於希望能有來自不同語言、不同文化背景的室友，能讓他們更快速地融入當地或進行語言交換。也有出於工作需求，把 co-working 與 co-living 相結合，在家工作的自由工作者以及數位游牧族，希望與多元背景的室友在工作上能交流合作，產生火花，這是整租或套房所不能滿足的。

在世界各國租房需求旺盛的城市，都出現租金高昂難以負擔

的情況，越是國際化的城市越加明顯，例如香港、東京、倫敦、紐約、巴黎、柏林、北京、上海等，共居模式的出現，解決了大部分外地人口難以負擔整層公寓租金的問題。例如倫敦，若要在市中心租下一間套房，約需 1,500 英鎊，三房公寓則至少要 2,500 英鎊，勢必要與友人合租，每人負擔才能降至 1,000 英鎊以下。我剛到上海工作的時候，也因市中心租金高昂難以負擔，找了台灣朋友一起合租，原本兩房要 15,000 人民幣的租金，一下子降了一半。其他國際城市也都有差不多的情況，因而在租金越高昂的城市，共居的需求就越強勁，現在已經成為世界主要城市的租房主流型態。

台灣租房需求最強勁的地區莫過於雙北市，目前的分租套房租金價格已在 15,000 元之上，獨立套房則都超過 20,000 元，若承租裝修新穎、設備齊全的三房公寓，台北市已全部落在 35,000 元以上，新北市則已少見 20,000 元以下價格。因此共生公寓最被廣為接受的地區也在雙北市，但桃園、台中、高雄也隨著生活型態的演變，共居模式正在發酵，其中桃園正在快速起飛發展的階段，共生公寓不僅已經成為「新潮」的代名詞，只要地區租金持續往上攀升，共生型態將熱度不減，持續成為未來的租房市場趨勢主流。

「根據日本國土交通省最新發表的報告，2013 年合租公寓只有 400 棟，到了 2019 年已經激增到 4,000 棟以上，且房客中有三成是 30~50 歲的大齡女子。」我在福澤喬先生的專欄中讀到日本的數據時，十分驚訝社會風氣差異很大的台日兩地在共居市場的發展竟如此相近。近年來，由於海外工作就學、就業環境的變化、單身人口的增加，現在也出現了即使到了中年仍舊選擇與朋友共居的群體，這些社會結構的變化都是租房市場的新機會。

　　理解了各種不同的出租型態獲利模式，與各自的風險係數，應該不難發現，這是為何我偏愛經營共生公寓的原因，雖然管理的細緻度較高，但是風險最低，投入的資金門檻也低，以所需的裝修資金來說，是隔套房的十分之一，因而投報率更高。接下來的章節，將以共生公寓為主軸，介紹詳細的執行方法，讓你用最聰明的管理哲學，找到合適的公寓，找到合適的租客，降低試錯的經驗成本，讓你從繁雜的瑣事裡解放，把時間用在值得投資的地方。

共生公寓成功的五大心法

　　吸引年輕族群進住共生公寓最重要的「賣點」，是要營造年輕時尚的空間氛圍，並且保留寬敞的公共空間，讓租客可以想像自己未來生活在這裡的場景。

　　除了設備需齊全，家具也要挑選年輕化、現代感的，才能在視覺上直接與傳統家庭式雅房做區隔。設計規劃不同的空間主題，能夠吸引不同的特定族群，主題可以「功能性」來營造、也可以用「設計風格」來營造。以功能性來做主題營造，則有像co-working space 一樣可供多人同時工作的類辦公空間、又或許是像咖啡店一樣的客廳氛圍、也可以是像酒吧般慵懶自在的氣息；以設計主題來營造，則有北歐風、工業風、無印風、簡約風等，近年波希米亞風也很受到青睞。

除了上述的硬體設備，軟體也很重要，這裡的軟體指的是「人」的互動關係營造。選擇租住共生公寓的族群，多半重視自我成長、追求個人理想實現，所以對於「室友」的素質與性格也是非常重視的，諸如職業、休閒嗜好、生活作息、年齡，都是重要的參考依據。好的管理人，要能幫租客篩選及配對志同道合的室友，有助於公寓未來出租期間的和諧與滿意度。如果管理的房源越來越多，甚至可以組織社群，例如舉辦不同公寓租客的見面會、出遊、聚餐等，讓租客能夠尋求團體的認同感，有助於建立租客對公寓品牌的黏著度。

管理人本身的特質，也會影響租客租住的意願，管理人的氣質如何？是否令人感覺能夠信任？是否年齡相仿？是否可能在未來遭遇居住問題時即時給予協助？找房不只是房東在面試租客，對於優質租客來說，也是在面試房東的過程，而管理人的角色，對租客來說就相當於房東，是租客未來長期要打交道的對象，所以管理人本身的特質也會影響交易成敗。

此外，聰明的定價策略也是要能成功出租的關鍵。共生公寓是由傳統雅房進化而來，對許多第一次接觸的租客來說，在租金上自然會與傳統雅房進行比較；而經濟條件較好、並非以價格為主要考量的租客，則會與套房進行比較。要記得，所有的租客在

找房時決定要住哪一間，都是進行了一番比較之後的結果，因而其他類型的出租房也會是潛在的競爭對手。

　　共生公寓的租金定位，需介於傳統雅房與分租套房之間，以台北市來說，傳統雅房的租金位於 5,000~10,000 元的價格帶；分租套房位於 12,000~18,000 元的價格帶，共生公寓的租金價格鎖定在雅房 12,500 元上下、主臥套房 15,000 元上下的價格帶，是最容易被接受、能夠迅速出租的價格。共生公寓比傳統雅房貴、但比套房便宜，這對於租客來說是非常容易做出決定的，共生公寓有傳統雅房比不上的軟硬體附加價值，和套房比起來，又相對價格親民，這樣的定價區間帶，就會是超值的秒殺價格。

共生公寓的經營要能成功，總結為五大心法：

1	打造吸引人的公共空間	確保室友有足夠的空間進行交流活動
2	年輕時尚的家具與佈置	追求生活質感的租屋族，不喜歡老土的家具與裝潢風格
3	挑選出高質量的室友	共居族在意室友的作息時間，是否好相處、愛乾淨、有禮貌
4	令人信任的管理者	東西壞掉需要修繕是否能即時，問題能否即時被回應
5	超值的租金價格	共居房間的租金價格介於傳統雅房與全新套房之間

我曾經住在某間公寓裡一段時間，當我一簽下這個房子就同時在個人臉書上預告即將進行改造的消息，房子的屋況很好，需要整理的部分不太多，只需要兩週就能上線招租。這是一個四房兩衛的房子，客廳大得幾乎可以成為一間咖啡店，於是我採購了豪華舒適的三人座沙發，還有一個 220 公分的大型多功能桌，剩下的閒置空間，我便把房東留下來的一張舊單人床墊，佈置成了慵懶風格的臥榻休閒區，還添購了一張籐製的搖椅。當我把家具安頓好，便在臉書發了一張正在進行佈置的工作照。這時我接到了住在我另一間公寓裡已經兩年的租客來訊：「那間房子已經可以看了嗎？我想搬過去，剛好也到了想換環境的時候。」幾乎同一時間，又接到了老同學的訊息：「欸，我最近剛好要換工作，現在住的套房也差不多要到期了，你那裡看起來很棒耶！我想去看看。」

　　前面那位已經熟識的鐵粉租客，想搬來的原因除了換環境，還看中這裡的設計風格符合他的生活方式，他是一個會獨自跑到非洲坦尚尼亞登山攻頂、又熱愛衝浪、假日都在改造自己的露營車的 Boho 一族（波希米亞式生活風格的人）。而另一位是我的高中老同學，而他被吸引的原因，是這裡的公共空間氛圍就像是咖啡店，這其實正是我刻意打造出來的，讓他覺得很放鬆，想像

在這個大桌前工作、下午茶的畫面，就感到舒適愉悅。

於是在還沒正式上線招租前，4個房間有2間就已經租掉了，留下一間我自己住之外，剩下一個最小的房間。這個房間的前身是書房，非常非常小，只有不到2坪，角落有一個已經釘死在牆上的書桌，再塞進一張單人床之後，連放衣櫃的空間都沒有了，我只能在牆上釘一個衣架。但即使這樣，在開放招租之後，帶看到第二組租客就租掉了，原因同樣是被這明亮、舒適的客廳所吸引，可以彌補房間太小的遺憾，反正他是衣物非常少的極簡主義。

共生公寓並非只是將家具毫無思考地填補空洞，也並非需要豪華高級的裝潢配備，而是依照每間房子的特性，放大它的優點、彌補它的缺點。如果一間公寓的格局不佳、房間太小，你更要用心打造公共空間，來創造亮點；如果公寓的地點不好、交通不便，那麼你可以增添娛樂設備、升級家具家電，讓租客的幸福感提升，就能縮小交通不便的缺點。

在前面介紹「租客畫像」的章節，就說明了空間與配備規劃的重要，每間公寓都必須是量身打造的，創造出獨特的個性與氛圍，同時幫大家配對出背景與生活作息都較契合的室友人選，並把租金定在令人一比較起來立刻就感覺到超值的價格帶，就是令人怦然心動的租房選擇。

07

共生公寓的 多元客群

　　不論稱作共享、共生、還是共居，本質上都是合租，在合租的意識形態中，建物格局規劃可以是雅房、可以是套房；而「租期的長短」，則是影響客群的關鍵，也就是說，選擇入住「長租」型共生公寓的租客、與選擇「短租」型的租客是不同的客群。

◆ 長租求穩定，短租求多元 ◆

　　「長租」型態的共生公寓租客，多為追求穩定的居住型態、接近「家」的寧靜氛圍，以及有別於傳統套房的居住空間，租客不會期待有太多的室友，也不希望室友來來去去、每幾個月就換一輪。因此在長租的共居經營模式中，一般不會在公寓裡舉辦活

動，也不會組織租客的社群活動；唯在篩選租客的時候，會對職業、生活作息做一些配對，來提高公寓室友之間的契合度，並且確保他們在擁有最佳的居住隱私外，還能有足夠的公共空間來進行交流。而室友之間的關係則是全然有機自由生長，感情比較好的室友自己會經常一起做菜吃飯、打球、做瑜伽，也會自己組織出遊活動，大部分情況則是保有自己的生活空間，不多過問隱私，在公共空間碰到會輕鬆地聊聊天，互相尊重但不打擾。

「短租」型態的共生公寓則主打的是「社群」，每個租客都是社群的一份子，選擇居住短租型態共居的，是被「可以接觸到很多有趣的人」所吸引，其次才是居住空間的品質及隱私。這樣的生態基礎前提是具備「足夠的人」，也就是在同一個居住空間當中，「人」不能太少，而且還不能住太久，這樣才能創造更多的故事、納入更多有趣的人，這也是何以許多共居公寓會出現上下舖床位的原因，除了是坪效的考量，也基於這樣有利社群氛圍的創造。

有些整棟式的出租套房標榜共生公寓，則是利用建物本身特有的私領域空間，創造封閉式的社群活動場域，而居住在裡面的租客，關了門即享有完全獨立的隱私、不必與人共用浴廁，開了門則有足夠寬敞的公共空間、以及足夠的人來進行交流，兼顧了

居住品質與社群氛圍。只是在這樣的型態下，也會混進青年旅館、背包客棧加入戰場，聲稱自己是共生公寓，因為短租及日租的分界容易模糊，套房或上下舖的形式，看起來和共享公寓也一樣，加上近年開始受到疫情影響，許多青年旅館失去了日租旅客，轉而投入短、長租市場，讓共享公寓的業態更加多元。

◆ 租不掉不是市場太競爭，而是你有沒有找到你的分眾市場 ◆

　　一樣是「共居」型態，卻有這麼多樣的作法，每一種作法，都會鎖定不同的市場客群，尚不論租房市場中還有傳統套房、整租等其他業態，也就是說，在租房市場不斷進化變形的生態中，早就沒有所謂的「大眾市場」，只有「分眾市場」。租房市場很大，但分眾則越來越細，要在租房市場佔有一席之地，必須明確定位自己的分眾。分眾化市場的時代，不存在一體適用，也不存在一套模型打天下可以人人通吃，租客也在進化，對產品越來越挑剔，只有深化，並且越做越精，才能養粉，才能持續獲利，想要輕鬆按照二十年前的邏輯來做，只會被市場淘汰。

　　打開租房網站，我們可以發現有大量的套房和雅房空間設計

與規劃像是細胞分裂一般地「複製—貼上」，幾乎可以用一張照片打天下，反正全部都長得一樣，沒必要每間房子都重新拍照，有些這樣的雅房也聲稱自己是共生公寓。如果用咖啡店來比喻，這些毫無個性的房子就像星巴克，而共生公寓的精神比較像是獨立咖啡館。走進星巴克，你能預期到咖啡的口味，也能預期點餐和結帳的流程，甚至能夠預測它播放的音樂種類；但是走進獨立咖啡館，你很難預知老闆是什麼樣的性格，他是會限制你不能大聲講話、還是自己就是大聲公。星巴克沒有驚喜可言，我只會在想要快速與人開個會的時候去，但是並不留戀，去哪一家都沒差只要交通方便就好；而獨立咖啡館處處是驚喜，這家店的豆子風味與另家店的風味截然不同、這家店的裝潢風格與另家店也不同，從使用的豆子到裝潢風格及採用的桌椅，都展現了老闆本身獨有的品味，沒有兩家店相同，於是我會流連忘返，不停把玩，還會不停探索不同的店家，感受不同的氛圍。

星巴克像是工業化時代大量複製的產物，給人方便，卻索然無味；獨立咖啡館展現了老闆自己的生活方式與價值觀，具有豐沛的生命力和動人的靈魂。

我認為共生公寓的魅力必須展現在「獨一無二的客製化」，這也是讓租客對品牌產生黏著度的核心價值。千萬不要認為「個

人」跟品牌沒有關係，在我早期還沒有公司化營運的時候，我有許多租客都是認我「這個人」，只要是我打造出來的房子，無論在哪裡，他們都想住，如果因為工作調動需要換居住地點，仍然以我的公寓為第一優先考量。即使到了現在公司化經營，我還是堅持每一間公寓都長得不一樣，每一間都有獨特的個性，這是我能擁有一票忠實粉絲作為租客的原因。

「複製再貼上」的出租房製造模式，雖然能節省採購成本還有設計規劃的時間，但是當租客認為「每一間都一樣」的時候，是不會產生好感與黏著度的，當工作轉換，居住地點需要調動，他會毫不留戀地離開你，以永續經營的思考觀點，找到你的「人味」和「個性」，才能找到你的分眾市場。

08

獲利公式── 價差、租期、裝修成本

　　輕資產包租的獲利來自租金收入扣除支出後的「價差」，也就是「現金流」，但是因為投入了裝修成本，必須考慮回本的時間，以及回本之後還有多少時間可以繼續為自己產生現金流，因此與屋主簽訂的「租期」也是影響投報率的關鍵。

　　假設與屋主簽訂的租期是 1 年，裝修費投入了 30 萬，而每月價差只有 1 萬，需要 30 個月才能回本，這樣的情況只簽 1 年就等於虧錢，把裝修好的房子白白送還給了屋主。反之，如果一樣投入 30 萬成本裝修，但是和屋主簽訂了 10 年的租期，那麼在每月價差 1 萬的情況下，即使花 30 個月回本，後面還有 90 個月的時間能帶來淨收入，10 年終了之後，可預期獲利 90 萬，對比當初投入的 30 萬成本，投資報酬率是 300%，簡化成年投報

率也有 30%。所以在獲利公式裡面，租期簽得越長，投報率就能越高。

　　另外一個影響投報率的因素，就是裝修的成本。假設一開始預計投入 20 萬、價差是 1 萬，預計 20 個月回本，結果最後爆預算變成 40 萬，租金收入又不能提升的情況下，回本時間一下子就拉長到 40 個月，獲利空間就變得非常小了。

　　雖然我們需要嚴格控制成本，但是如果投入裝修的資金不足，不能創造吸引人的空間，那麼能租出去的租金價格也有限，價差就很難拉出來。因此所謂「裝修成本的控制」，並不是一味的追求 cost-down，而是有技巧地把錢花在刀口上，來提升房子的質感。在高房價時代的大都會區，以租代買成為常態，因而租客也越來越講究生活品質，二房東的價值，就在於空間品味的展現、服務體驗的提升，才能讓租客心甘情願為溢價後的租金買單。

　　「價差」、「租期」、「裝修成本」是控制獲利的三個主要變項，另外有幾個次要的變項，也會影響投報率。

　　首先是「招租期」，也就是房子花多久的時間找到租客？招租期也等於是「空置期」的意思，房子一直空著，就沒有租金收入，當然會影響報酬。以台灣經驗來說，空置期都會在一個月內，只要不是地點太荒涼偏僻、根本沒有租房需求，一般來說都能在

一個月內租出去，我自己的品牌旗下的房子，一般來說招租期都在兩週內，只要按我的方法慎選標的，並且用心規劃、整理房子，是不必擔心租不掉的。

最後還有一項「管理成本」，是指房子裡提供給租客的網路費、或是小額添購用品、維修費等每月經常性支出，這部分我會概抓 1,000 元，如果還提供代收垃圾、或是打掃等服務，那這部分的費用也必須計入為管理成本，要在盈餘中扣除，剩下的才是真正的獲利。

接下來套入以下公式，就能算出案件的投資報酬率囉！

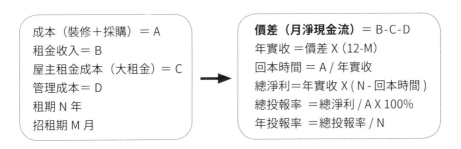

成本（裝修＋採購）＝ A
租金收入＝ B
屋主租金成本（大租金）＝ C
管理成本＝ D
租期 N 年
招租期 M 月

→

價差（月淨現金流）＝ B-C-D
年實收 ＝價差 X（12-M）
回本時間 ＝ A / 年實收
總淨利＝年實收 X（N - 回本時間）
總投報率 ＝總淨利 / A X 100%
年投報率 ＝總投報率 / N

*「年投報率」為了方便計算，不使用金融業的「年化報酬率」算法，直接簡化為總投報率除以年數

練習：

4 房 2 衛，大租金 32,000 元，租期 5 年，裝修加採購投入 30 萬元，設定租金 A 雅房 12,500 元、B 雅房 12,000 元、C 房 13,500 元、D 套房 15,000 元，招租期 1 個月，每月管理成本 1000 元。（一律四捨五入至小數點後第 2 位）

試算：

價差？年實收？多久回本？總淨利？總投報率？年投報率？

_____

_____

_____

_____

_____

答：

價差＝（12,500+12,000+13,500+15,000）-32,000-1,000=20,000

年實收 =20,000×(12-1)=220,000

多久回本 =300,000÷220,000=1.36 年

總淨利 =220,000×(5-1.36)=800,800

總投報率 =(800,800÷300,000)x100%=267%

年投報率 =267%÷5=53.4%

可能有些人會好奇，為什麼押金沒有被計入成本？因為只要沒有違約事項，等租約到期後，押金是可以全額返還的，所以不計入成本，但是這確實是在一開始需要拿出來的現金，因此我們在做「現金報酬率」測算的時候，將押金計入，而在計算專案終了時的總報酬率時忽略不計。

另外要注意的是，每年的空置期一個月，期間需要照常繳付給屋主的租金，但是這部分的支出為何不影響整體投報率計算呢？因為我們評估的模型是「合租」型態，也就是整修完之後，按房間分租出去，因而實際上除了第一年的裝修期會每個房間都完全空置，滿租之後到了第二年，有的租客會搬走，但是有的租客會續租，不會每個房間都產生空置；加上我們會在租約到期前一個月就確認是否續租，讓我們有時間提前準備招租工作，在原租客搬走前兩週就開始新一輪的招租與帶看工作。因此第二年之後實際空置的時間會相對縮短，幾乎不會發生全部空置而且長達一個月的情況，所以在測算投報率時，每年預留一個月「所有房間全空」的空置期的算法已經是非常保守，屋主租金的部分我選擇忽略不計，當然如果不放心，想把應付租金成本也列入的話也是可以的，不過對整體投報率的影響只有幾個百分點，我們做投報率的測算，是為了評估案件是否值得進行，測算結果如果是

35% 和 30% 的差別，其實是不會影響判斷的，因為不管是在金融市場、還是房地產市場，根本也找不到報酬率更高的投資標的了，不是嗎？

09

跟我這樣做──創造 60%
以上的年報酬率

在我所有經營的 3 ～ 4 房公寓中，每間公寓的「價差」都落在 2 至 3 萬元之間，如何能創造出這樣的價差利潤呢？不外乎「降低成本」或「提高收入」，只要能達成其中一項，就能創造更高的利潤。

◆ 降低成本 ◆

我們的成本包括「裝修」及「大租金」兩部份，大租金指的是付給屋主的租金成本，後面的例子會讓大家知道，如果能嚴格控制裝修成本，投報率就會大幅地提升；而只要有辦法把「大租金」談得更低，就代表價差空間越大，每月淨收益也就越高。

✦ 提高收入 ✦

收入的提高，則是指「如何使租金價格提升」，這就考驗設計及規劃的功力，讓原本沒有居住價值的空間，經由巧手翻修，重新產生讓人想居住的慾望；又或者，藉由社群等軟體附加價值，來吸引高付租能力的人入住。

案例一

- -

這是一間位在台北市信義區的老舊公寓，雖然身處蛋黃區，但是因為靠山，又是一樓，濕氣非常重，加上長期沒有人居住，一走進房子裡就有一股刺鼻的霉味撲鼻而來，到處是壁癌。格局是 3 房 2 衛，屋主租金開價 2 萬 5 千元，但由於屋況太差，又是空房，沒有任何家具家電，連屬於基礎設施的熱水器都沒有，自然是難以出租。

在乏人問津的情況下，我主動約看了這間房子。屋主是一對年約 45 歲的創業夫妻，從事服裝設計，這個房子是他們的投資之一，只是想放著等都更，明白屋況很差，卻也因為工作忙碌而無暇顧及。先生問：「你是說你要做二房東是嗎？」我告訴他們

我希望將房子重新改造後分租給年輕人，並且告訴他們我看到現在台灣租房市場的現況，認為還有很大的改善空間，而這是我回台灣想要做的事。屋主夫妻微笑點了點頭，表示認同，也期待我的改造成果。

我們很快地達成協議，簽訂了 5 年的租約，最後談定的租金價格是 9,000 元。沒錯，屋主夫妻因為認同我的理念，原先開價 2 萬 5 千元的房子，竟然一口氣降到一半不到的價格！對於他們來說，這是一間閒置已久、屋況又令他們感到頭疼的房子，我不但免費幫他們重新裝修，又能幫他們照顧房子、管理租客，何樂而不為呢？

改造前

改造後

我把改造完成的照片發給屋主夫婦看，他們對我說了一句讓我至今仍感到激動的話：「謝謝你照顧我們的房子。」而租客，都知道我是取得屋主轉租同意的合法二房東，看到這麼用心整理的屋況，自然也都對我賦予極大的信任，任何的修繕問題，我也都能即時的處理，他們認為比起向不懂打理房子的老屋主承租破爛不堪的公寓，我的租金雖然貴了一些，但是物超所值，住得非常開心。

◆ 投報率算一算 ◆

這間公寓由於屋況較差，花費的裝修費成本偏高，一共投入了 53 萬，幸好我的大租金談得非常低，是 9,000 元；而 4 個房間分租出去的租金價格分別是 9,000 元、9,000 元、8,000 元、11,000 元，每月租金收入一共是 37,000 元，而每月的固定支出管理費包括網路及零星維修費約為 1,000 元；租期 5 年，招租期只花了一個星期，或許你會說這是我運氣好，那我們招租期就一律以 1 個月來做計算。

按照前面一章的公式來推算，這個案子我的投資報酬率如下：

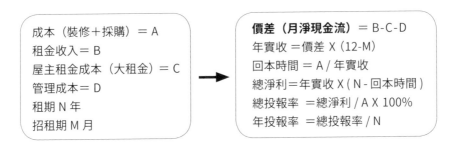

成本（裝修＋採購）＝ A
租金收入＝ B
屋主租金成本（大租金）＝ C
管理成本＝ D
租期 N 年
招租期 M 月

→

價差（月淨現金流）＝ B-C-D
年實收 ＝價差 X（12-M）
回本時間 ＝ A / 年實收
總淨利＝年實收 X（N - 回本時間）
總投報率 ＝總淨利 / A X 100%
年投報率 ＝總投報率 / N

* 「年投報率」為了方便計算，不使用金融業的「年化報酬率」算法，直接簡化為總投報率
除以年數

價差：37,000-9,000-1,000＝27,000

年實收：27,000×(12-1) 月 ＝297,000

回本時間：530,000÷297,000＝1.78 年

總淨利：297,000×(5-1.78) 年 ＝956,340

總投報率：(956,340÷530,000)x100%＝180%

年投報率：180%÷5＝36%

　　這是位於南港的舊公寓，屋主是年過 60 歲的長輩，房子是從父母繼承來的，屋主擔任大集團公司的高管，無暇管理房子，有一次因緣際會下看到我在裝修房子的現場親力親為，聊天後發現我專門幫人翻修、管理出租房，表明了希望將他的房子委託給我管理，由於現任房子的租客沒有經過同意養狗，他感到很困擾，所以可趁租約到期後不再續約，後續委由我來處理，屋況經過輕度整理，體質不算太差。

改造前

改造後

改造前

改造後

　　原始格局 3 房 1 衛，其中兩個房間外牆有輕微滲水、廚房較簡陋、熱水器需換新，其他只需要透過軟裝佈置方式，即可讓房子轉化成完全不一樣的氛圍。屋主同意以 16,000 元租給我 5 年，而裝修改造費一共是 22 萬，改造後三個房間分別以 13,500 元、13,500 元、11,500 元出租，租金收入一共是 38,500 元，網路管理費一樣是 1,000 元，招租時間是半個月，而我們一樣用 1 個月來抓。

　　此案的投資報酬率如下：

價差：38,500-16,000-1,000=21,500

年實收：21,500×(12-1) 月 =236,500

回本時間：220,000÷236,500=0.93 年

總淨利：236,500×(5-0.93) 年 =962,555

總投報率：(962,555÷220,000)x100%=438%

年投報率：438%÷5=88%

從這兩個案例可以發現，案例一的裝修費高達 53 萬，因而雖然價差做到 27,000 元，年投報率 36% 卻比案例二的 88% 差了一半多。在案例二中，我將裝修費下降到了 22 萬，因此雖然價差 21,500 元比案例一還要少了 5,500 元，但是最後的年投報率卻驚人地提升到 2 倍以上！

所以「提升報酬率」的關鍵，無非是控制裝修成本、或者提高租金收入，而租金有一定的天花板，裝修成本卻是可以自己掌控的。在這樣的幾間投資之後，我慢慢整理出心法，學會「把錢花在刀口上」，每間房子的投入資金控制在 30 萬以內，就能同時確保出租品質、又能帶來豐厚的收益。有些在一開始為租客設想增添的設備，其實租客並不在意，對租金提升也沒有實質的幫助，根本不需要花這個錢；而租客在意的，對「賣相」有重大影響的，則要不吝惜大刀闊斧。

總結下來，只要能控制裝修費 30 萬、價差 2 萬、5 年租期這幾個變項，年投報率就是 60%；如果裝修費能下降到 20 萬，

其他不變，則年投報率可以來到 100％！

　　逐步掌握了控制成本、提升租金的訣竅，最後我把它們做成系統化的 SOP，接下來，我就為你一步步拆解每個步驟，只要按照我的方法執行，一定可以讓你在短時間內，用小資金就能開始創造房地產的被動收入！

第 3 章

找到你的
起家厝

01

老房挑出
黃金屋

　　當準備好要開始經營包租生意，第一件事情就是找到合適的物件，來著手進行改造。但是並非每一間房子都適合拿來操作，需要考慮地點、樓層、周邊環境、屋況、格局，樓道梯間及鄰居也都是觀察點。房子的地點、樓層及周邊環境，會影響將來出租的「賣相」；屋況及格局，則會關係改造成本；而樓道與鄰居，除了影響居住意願，也關係著將來經營過程能否順利。

　　我把挑選物件需要考慮的重點列出，再用「基本」、「加分」、「扣分」項來分級。「基本」項是要成功操作輕資產包租的必要條件；而「加分」項能讓房子出租的賣相更好；「扣分」項的出現，會影響承租意願、租金價格、管理風險、或者增加裝修成本。只要滿足基本項就是能夠操作的物件，出現扣分項不必然就是不

能做，而是要多留意存在的風險；而會導致成本增加的部分，可以作為與屋主議價的籌碼，爭取租金優惠或者其他方式的補貼。

	基本	加分	扣分
房型	無電梯公寓	30 坪以上	社區型大樓
地點	・交通方便 ・附近生活機能已成熟	・上班族多 ・鄰近夜市	・非都市區 ・位於夜市或市場內
樓層	・步行 5 樓以下	・有電梯	・1 樓 ・頂樓 ・頂樓加蓋
環境	・路燈明亮 ・街道乾淨	・安靜的純住宅區	・出入口從防火巷 ・巷弄昏暗 ・鄰近嫌惡設施如：宮廟、高壓電塔
屋況	・沒有大面積的壁癌漏水	・附帶冷氣 ・有天然瓦斯	・位於大馬路上但窗戶老舊沒有隔音效果
格局	・3 房以上 ・水泥隔間	・廁所越多越好 ・採光佳通風好	・開放式空間 ・木板隔間 ・超過一半是暗房
樓道與梯間	・乾淨	・有專人打掃	・堆置雜物或垃圾 ・一樓沒有大門
鄰居	・不過問	・也是出租房，非原始居民	・態度不佳、有敵意 ・愛管閒事 ・在門口堆放鞋櫃

房型：二房東的利潤空間來自於針對屋況不佳的老舊公寓進行軟硬體的改造，使租金價值提升，因而如果是「屋況太好」的新房子，由於原始租金價格就已經在高點，反而沒有操作的空間。然而屋況太破爛，也會造成成本太高，因此需要挑選的是「可以正常居住只是欠缺美感的空屋」，30 年～ 40 年的中古公寓會是最適合的標的。此外，要避開具有管委會的社區型住宅，因為我們使用輕裝修的改造方式，也不改動廁所，在 5 層樓以下的集合式公寓大部分情況下是不需要申請室內裝修許可的，但如果是 6 層樓以上的集合式公寓，也就是華廈或社區型大樓，按照法規就必須申請室裝許可，管委會也有一定的規範與要求，例如在梯廳鋪設保護措施、收取裝潢保證金與清潔費等，都會增加施工的成本與難度，而且有管理員的大樓對於出租房管理較為嚴格，也會造成案件執行的阻力，所以社區型大樓反而不是我們青睞的標的。

地點：生活機能已經成熟的生活圈，才能納進更多的潛在租客，交通不便、生活機能尚未成熟的地區，例如新興重劃區，只能吸納有車的租客群，受眾非常有限，因此最好避開。生活機能佳的地點，也存在比較多的上班族，這會是我們主流客群，這也是共生公寓多存在於都會區的原因。另外，附近有夜市代表生活機能佳，但是千萬不要位於夜市或者市場裡面，居住最忌諱的就

是髒、亂、吵，夜市及市場正好集滿這三樣特徵，是租客非常忌諱的地點。

樓層：一般來說有無電梯並不是租客最在意的要素，在雅房分租的情況之下，電梯其實對於租金的提升並沒有明顯的幫助，然而有電梯的華廈或大樓其原始租金會比沒有電梯的步登公寓高出許多，這會導致價差的利潤被壓縮，因此我更偏好無電梯的公寓。不過如果在有電梯的情況下還能與屋主談到低的租金，投報率計算之後仍有滿意的回報，還是可以操作，在相同的雅房租金價格下，租客還是更樂於選擇有電梯的公寓。比較需要注意的是，不要選擇一樓或頂樓的房子。一樓採光不佳、濕氣較重、更易出現蚊蟲，較不受租客青睞，且一樓經常被以「店面」的租金價格出租，成本較高。頂樓則容易出現天花板漏水情況，會有潛在的維修風險，是需要留意的；而頂樓加蓋本身是違建物，隨時有被報拆的風險，所以除非是承租頂樓、而頂加以「半買半相送」的價格出租，才考慮一起拿下，但是不要單獨承租頂樓加蓋。

環境：租客在前往看房的路途當中，會留意房子周邊的環境，巷弄如果髒亂、陰暗，或者出入口開設於防火巷弄內、一樓沒有大門，都會影響承租意願，特別是女性，會擔心治安問題而不敢承租。如果樓下或對面就是宮廟，要留意是否有大量燒金紙、香

爐的煙味，或者有誦經聲、經常舉辦活動，影響安寧。

屋況：在處理所有老舊公寓的屋況中，最怕的就是漏水，大面積的壁癌或滲水，首先要判斷該牆面是否屬於外牆迎風面，如果是，則多半由於外牆防水層年久失效，需要大面積從外牆重新做防水，裡面也要進行處理；若是與鄰居的共用牆、或是靠浴廁，則要判斷是否是水管破裂造成漏水。不管是以上哪種情況，都所費不貲，會很傷荷包，因此這種情況要與屋主協商，請屋主修繕好後交房，或者代為處理後費用由屋主承擔。在所有投入翻修的成本當中，唯獨漏水這一項的費用切勿輕言幫屋主出，因為修漏費用可大可小，初期很難完整預估，所以在我跟屋主簽訂的合約當中，一定會加入「因房屋結構問題導致的漏水、滲水、防水層失效，費用由出租人負擔」一條。另外一個會導致成本大幅上升的是鋁窗，有隔音效果的鋁窗非常貴，所以要留意位於大馬路上的房子，窗戶的狀況如何、是否換新過，特別是靠馬路側的房間，這部分費用也可與屋主協商補貼。

格局：一般來說三房以上才能創造足夠的價差空間，並且，三房以上的居住人口才能達成共生公寓的軟性要件，也就是足夠的「人」。裝修要省錢的首要原則就是「不輕易動隔間」，因為每拆一道牆、再每建一道牆，都要花錢，沒有隔間的開放式格局

會導致成本大幅上升，而傳統的木板隔間隔音不佳，很容易遭租客投訴，但木板隔間不論要拆除重建或改建，都是大工程，因此最好避開。房間沒有採光或對外窗就稱為「暗房」，大部分的租客並不喜歡，但是暗房不見得租不出去，如果設計吸引人、或者房子地點很好，還是能夠順利出租，只不過價格會比有窗的房間低一些，如果三個房間有兩間都是暗房，可能會因出租價格不理想，導致投報率不佳。

樓道與梯間： 如果租客在看房的時候一進到樓梯間，就看到堆滿了資源回收的垃圾，會使租客擔心未來的居住品質，而梯間的整潔，也間接地反應了鄰居的素質。如果鄰居把鞋櫃堆置在門口，通常代表較不在意鄰居想法，未來如果有需要與他打交道的地方，往往會發現難以溝通。這種情況特別容易出現在老居民，也就是原始屋主，對於他們來說，租房子的人都是後到者，他們是先來的，而且是屋主，擁有比較高的話語權，未來若出現利益糾葛，會是非常難纏的對象。

鄰居： 除了觀察鞋櫃與雜物，如果有機會與鄰居擦身而過，最好先主動打招呼，作為試探，若對方給予善意的回應，可能會是比較好溝通的鄰居，若臭臉、不理人、甚至是抱持質疑態度的，就要有心理準備，對方並不歡迎新住民，有機率三天兩頭找麻煩，

作為二房東，需要花更大的心力消除他們的疑慮，才能降低將來經營公寓的風險。

有些同學問我：「透天的房子可以做嗎？」對於新手來說，除非這個透天厝是你自己家裡的房子，沒有租金壓力，否則不建議。我們所有提到的裝修方法和成本估算，都是基於「公寓」格局的建物類型，也就是單一樓層，而透天屋型的裝修成本會涉及到更多公寓不需要考慮的項目例如：化糞池、供水系統、庭院造景、外觀拉皮、更多的走道梯間與公共空間，因此透天的成本並非是一層公寓抓 30 萬、3 層透天就乘以 3 這麼簡單，往往會變成是 3、5 百萬的事情，如果沒有一定的資金實力與裝修經驗，往往執行結果會不如預期。此外，同一個地點的出租房間數量越多，「去庫存」的壓力越大，在公寓的情境裡，一個房源地址我只要租掉 3～4 個房間就能達到預期投報率，但是透天厝的房源可能高達數十間，這時不但面臨非常大的出租壓力，而市場上同一時間在同一區域找房的租客人數卻是固定的，並不會因為這個區域的產品數量提供變多，客人就會跟著變得更多。因此量體越大的物件，空置率是越高的，空置率高帶來的壓力，進而會迫使經營者開放彈性租期，甚至不惜冒著違規風險經營日租，最後變成了既非長租公寓、又非合法青年旅館的四不像，不可不慎！

整棟式物件的裝修與經營方法相對於公寓來說是另一個全新的世界，除了對於裝修要有一定的經驗，還更要求財務控管及行銷企劃的能力，即使是我已經擁有豐富的管理經驗並曾執行過整棟與透天案例，也不輕易碰這一類型的案子，初學者切勿把心思放在整棟式物件開發，先從公寓練手！

02

物件
哪裡來

　　在開啟包租事業的整個流程中，大家最好奇的都是「物件要從哪裡找？」「怎麼開發？」「老師有特別的管道拿到房源嗎？」一個創作歌手在還沒有代表作之前，是不會有人注意到他的才華的，開發也是一樣。在一開始還沒有任何作品的情況下，需要靠「陌生開發」，也就是透過租房網站一個一個打電話約看，或者在居住地附近留意是否有懸掛「租」的廣告牌，甚至是透過與街坊鄰居的聊天，得知物件出租的訊息，這些都屬於陌生開發的形式。等到有作品之後，就能利用網路的社交平台來做分享，讓身邊的朋友都知道你在做什麼，遇到屋主也能有實際可參考的案例給他看，增加說服力，慢慢就能口耳相傳，開始有人主動介紹物件過來，開發工作也就會越來越輕鬆。

不買房當房東

如果想把包租作為長期經營的事業，「分享」是非常重要的心態，不要吝惜讓別人知道你在做什麼。我指的不是需要逢人便說「我在做二房東」，而是當別人看到你經常在社交平台像是Facebook 曬出裝修過程與改造前後的照片、分享你的出租心得，這樣的形象就會潛移默化到朋友的心中，他也許會好奇：「咦？你現在在做什麼？」你就可以讓他知道你在做舊屋改造、出租管理，有一天當他剛好有閒置的房子想要處理時，自然第一時間想到你。

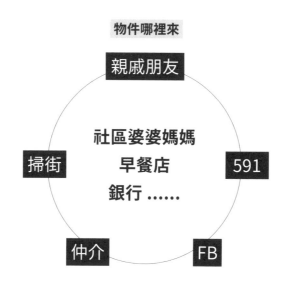

◆ 親戚朋友或自家的房子 ◆

最沒有壓力的開啟包租事業方式，就是拿自己家裡的房子來實驗。你可能會說：「廢話，如果我有房子還需要租房嗎？」這裡指的「家裡的房子」，不一定是自己或父母名下的，而是「親戚長輩」的。其實很多人家裡都有閒置的房子，只是我們不知道而已，平常人家沒事也不會告訴你他有房子呀！但是如果問一圈家族裡的親戚，或者是熟悉的朋友：「有沒有閒置的房子？」說你可以幫忙翻修、出租管理，很可能會有意外的收穫唷！親戚朋友對你有一定的了解跟信任，如果要直接承租，價格也會比較好談。

◆ 網路上的各大招租平台與仲介 ◆

如果沒有認識的親友長輩可以介紹物件，也沒關係，大部分的物件主要還是來自於「陌生開發」，也就是從招租網站尋找物件、或者透過仲介介紹，這兩種是最主流的物件來源。找房子其實沒有什麼秘訣，都是靠雙腳勤快走出來的，仲介想要幫屋主賣房子的時候怎麼開發物件呢？無非也是勤拜訪、打電話、塞小紙

不買房當房東

條，租房的開發也是一樣，要無所不用其極地讓屋主知道你能幫他做什麼。

◆ 掃街掃出「隱藏版物件」◆

還有一種陌生開發法是我經常做的，就是在自己住家周邊的巷弄散步時，沿街仔細地觀察，周邊公寓的外觀看起來像不像是有人住？長期沒有人住的房子，其實是有跡可循的，陽台滿是落葉和灰塵，也沒有晾衣服，一點雜物也沒有，都是無人居住的現象。這時如果樓下的門是開的，有阿婆走出來，或在梯間打掃，我就會上前攀談：「阿婆，請問一下這個 2 樓的屋主你認識嗎？我想找這附近的房子租，我看他好像沒有自住很久了。」很多熱心的爺爺奶奶，都會告訴你關於這棟房子的寶貴資訊，也常常會有意外的收穫。

有很多待租物件不一定會上架到租房網站，仲介或屋主會先在房子的窗外掛牌，一兩週之後沒有租出去才會掛上網，這種「隱藏版」物件，就是靠雙腳走出來的。有一次我吃飽飯在住家附近散步，忽然抬頭看見一棟公寓的 3 樓掛著一個牌子寫「租」，樓下正是一間仲介公司，留的是他們的聯絡方式，於是我直接走進

仲介公司詢問：「樓上要出租嗎？」鑰匙就在仲介手上，於是很快的上樓看房，意外地，一看就是很合適的物件，而我是第一個看房的人，因為招租的牌子才剛掛上，網路都還來不及發佈，結果就被我簽下了。

　　一位學員有一天忽然注意到住家對面貼出了一張「租」的牌子，只留下電話，沒有仲介訊息，看來應該是屋主自租的案子。他立刻打了電話約看，屋主剛剛才整修完房子，重新粉刷、翻修了廁所、還重新拉了電線，本來心想剛剛才花錢整理的房子，租金價格大概不會太好談。沒想到屋主超級乾脆，直接開口報了低於市場行情的價格，由於就住在對面，直接就約定了當天簽約。屋主要求在一樓的店面裡簽約，當時他感到奇怪，不過也就照辦。到了簽約現場，發現屋主正熱絡地與一樓公司的老闆聊天，原來一樓也是他的房子，租給了廣告公司，當時就直覺到，應該整棟都是他的。到了簽約的最後，他看到屋主的姓名，驚覺跟他自己現在住的在對面的房子，也是同一個姓！到這裡真忍不住了，開口詢問：「請問這棟還有對面那棟都是您的房子嗎？」屋主淡定地說：「哦，整條街都是我們家的啦，除了這邊 3 樓，之前賣掉了。我就住在巷口那棟白色的大樓，那塊地也是我們的。」他說的那棟白色大樓，是幾年前都更完成蓋出的超高層豪宅，言下之

不買房當房東

意，這掃街是掃出了大地主呀！連忙乘勝追擊：「阿姨！那你還有其他的房子要出租嗎？都可以租給我！」阿姨思考了幾秒後說：「哦，有啦，旁邊那裡有一間應該是快到期了，到時再叫你過去看吧！」這時一直在旁的廣告公司老闆開口了：「唉，我剛剛才幫你把那個廣告牌掛上去的欸，我現在去拿下來……。」

◆ 打進鄰里情報中心，陪婆婆媽媽們聊天 ◆

和鄰里關係維持得好，也會對於物件取得有幫助。在注重人情味的台灣，鄰里之間永遠都會有一個「八卦交流中心」，這個地點永遠都在意想不到的地方，很可能是某一間早餐店、很可能是樓下的雜貨店、也有可能是對面的五金行，或者是老人喜歡下棋的榕樹下。八卦交流中心的核心成員，掌握了這附近鄰里人家的動向，所以如果能夠與他們打成一片，將會獲得源源不絕的物件情報，哪一家人搬走了、哪一家房子要出租，八卦交流中心掌握第一手消息。

我到早餐店吃早餐，心情愉快的話會跟阿姨媽媽們閒聊，說我在做室內設計，還會幫忙出租管理；去銀行辦事跟專員、襄理、經理閒聊，說包租代管都在做什麼；去診所看病，跟醫生說腰痛

都是因為在幫租客組家具；有人問我為什麼開一台這麼大的皮卡車，我說因為我做棕紅欸……。

　　有個物件的一樓是水果店，老闆娘為人親切熱情，我也總是經常跟她寒暄。當我表明是做包租代管之後，她告訴我 4 樓也是出租的，屋主就住在隔壁巷子，聽說最近對於碰到惡租客感到很困擾，於是我就在偶然碰到屋主的時候主動與他聊天，了解他遭遇的問題，給了一些建議。幾個月後，惡租客如願地搬走了，她便與我聯絡，希望能把房子委託給我，雖然最後因為翻修成本太高沒有接下這間房子，屋主還是很謝謝我，希望有一天還是能夠合作。

　　要成功開發物件，絕對不能當省話一哥一姐，隱藏物件都是靠聊天聊出來的，而聊天是需要練習的，也必須是發自內心真誠的，如果太過業務導向或者目的性太強，不但沒有辦法贏得信任，反而會引起反感。對於社區的婆婆媽媽來說，一個熱情、誠懇、苦幹實幹不怕麻煩的年輕人，是他們非常樂意往來的對象，自然也不會吝惜提供第一手資訊，快練習和婆婆媽媽聊天吧！

◆ 口碑傳播，佛系開發 ◆

　　持有 30 年以上中古公寓的屋主，多半是 60 歲以上的長輩，長輩屋主有一個特點，就是「感性」。對於長輩，取得他們信任的方法，就是要「搏感情」，只要他喜歡你，其實什麼都很好談，還會很熱心地介紹資源給你。而一個屋主名下不一定只有一間房子，當你把他其中一間房子打理得「厚 se 厚 se」，他對你有信任感了，有一天，他很可能會跟你說：「我在哪裡哪裡還有幾間房子，你也去幫我處理吧！」或者介紹其他想出租房子的朋友給你。高資產族通常都跟高資產族做朋友，抓到一條線，往往拉出來就是一串，「做好口碑」，物件就會自己來找你。

　　我有一位親戚，是退休公務員，平日我們沒有很頻繁的互動，只是偶爾會在對方的臉書上點讚。我回台灣之後的第三年，有一天忽然接到他的電話，說他有一間剛買不久的房子，投資用的，反正閒著也是閒著，要我去幫忙看看，還說他已經跟建商的經理打過招呼，把對方的電話給了我，他們有很多賣不掉的房子想出租，我不妨一起評估。我這才知道，他有好多房子，是投資大戶！只是平常沒事不會告訴別人，是因為看到我臉書經常分享，知道我在做出租管理，於是第一時間想到我。

還有一位醫師，為了孩子的學區買了一間位於蛋黃區的老公寓，本來想自己出租，沒想到才帶看三組客人就煩得受不了，租客不是要求東要求西、就是人口複雜令他擔心，原來出租管理並不像他原本想像的那樣容易，而且房子老舊需要修繕，一般租客根本沒有能力處理。在網路上看到我以往招租的作品，於是主動與我聯絡，希望把房子委託給我，就這樣順利地簽訂了五年的租約，還贊助了兩台冷氣，往後還不停地介紹身邊親友把房子委託給我。

　　我自己現在住的房子，房東則是我往來銀行的行長，初次見面時其實他是聽不懂什麼叫包租代管的：「是不是像物業管理？」老一輩的人其實比較聽得懂物業管理，我說有點類似，不過我們還會幫忙設計、裝修房子，然後再出租管理。有一天他打電話給我，說母親打算回苗栗老家住，台北的房子就會空出來，希望租給我。我到了現場評估，並不適合操作，因為是一間已經翻修過的非常好的房子，全實木地板、衛浴乾濕分離還有暖風機和免治馬桶，家電也全都是高級貨。我建議他直接委託仲介出租，我可以幫他介紹信任的，可以租到比我更好的價錢，沒想到他堅持租給我，租金低於市場行情也沒關係，後來就成為我自己的住家兼工作室。屋主不願意租給別人的理由是，我是他唯一信任的託管

不買房當房東

對象，租金高低不是最重要的，而是要能好好照顧他的房子。

　　現在我已經很少主動開發物件，創作歌手已出道完成，還製作出了無數膾炙人口的作品，伯樂紛紛主動洽詢，歌手還請了經紀人來幫忙過濾通告。所以如果問我物件開發的心法是什麼，我的答案是：「認真創作之餘還要懂得行銷自己，通告就會如雪片般飛來。」也不必在乎市場是否已存在競爭者，因為不論任何行業，都會不停有人加入，也伴隨著不停有人退出，這是一個優勝劣汰的過程，做得好的人會留下，做不好的就會被市場淘汰，我們不能控制大環境的變化，但是只要專注做好眼前的事，把喜歡的事做到頂尖，收入就會自己來！

第4章

與房東過招

01

看房前的
準備工作

　　當我們得知一個物件的訊息，也許是透過招租網站、也許是仲介或屋主事先發來的照片與屋況基本資訊，必須在約看之前就對物件的投報率進行初步的測算，根據照片判斷屋況，預估可能產生的裝修花費；到了現場，則是確認屋況的細節，如果有意向要簽下這個房子，就要立即與屋主協商條件。要能夠做到以上這幾件事情，必須事前就做好一些功課，才能有底氣、有底線地勇敢開口與屋主談條件。

　　首先必須對於區域的租金行情有一定程度的了解，這需要在平日就慢慢培養對租金行情的敏感度，在我想開發的區域，知道相同地段、相同房間數、相同樓層、相同裝修條件、相同屋況及配備的房子，行情大概落在什麼區間帶。裝修精美的房子與簡陋

的房子，就算座落在同一條街上，租金一定也會有落差；同樣三房，有附帶全套傢俱家電的房子和空屋的價格一定也不一樣；無電梯公寓、華廈、電梯大樓的租金價格帶也都不盡相同。

怎麼樣才能培養對租金行情的敏感度呢？591目前是瀏覽人數最多的租房網站，經常上去瀏覽，設定找房區域、格局、坪數，再逐一查看每一個上架物件的照片及屋況條件，大致就能對於區域行情有點感覺。不過要注意，網站上標示的是屋主的「開價」，但是並不等於「成交價」，開價只是屋主心裡的理想價格，而成交價才能反應租客的接受度，才是真實行情；真實的成交價格我們無從得知，不過我們可以透過觀察物件上架的時間長短，來了解它的開價是不是容易被市場接受，從電腦版的591，可以看到這則廣告的「有效期」，如果有效期結束的時間馬上就要到了，代表這個物件上架了將近一個月還沒有租掉，可能代表了這樣的開價乏人問津，因為591的廣告發布時間以月為週期，上架一個月後如果沒有主動下架，會自動到期。有一些情況是物件雖然已經租掉了，但是屋主或仲介沒有即時下架，不過大致來說，掛在上面的時間長短還是能很大程度反應出租效果，有時也能看到同一個物件的價格逐月調降，直到下架，那最後一次掛牌的價格才能反應真實的成交價。

在出發看房之前，可以先從 Google 地圖上先看看物件周邊的街景，還有附近的交通動線、距離捷運站步行需要多久、生活機能等，對於周遭環境訊息事前掌握得越多，對於房子的客觀條件也就越心裡有數，將來要與屋主談判時能有更多籌碼。

對於周遭環境有所掌握之後，到了看房的現場，就能專心針對室內的屋況條件做評估，如果有意簽下這個物件，就必須把握時機現場議價，前面章節所教授的投報率計算方式，就在這時派上用場，立即評估房子的租金價值、未來的獲利潛力，這部分也可以在事前看到照片的時候就先進行測算，而現場則是根據原先的測算做出調整，有可能照片看起來很大，本來預估這個房間可以租到 12,000 元，結果到了現場才發現房間非常小，頂多租到 9,000 元，這時候就要在現場馬上重新計算投報率，再向屋主提出合理的議價。

此外，如果對於裝修開始熟練，就能夠從照片就初步預估所需的裝修資金，這也會影響投報率，對於新手來說要立即判斷裝修預估費用難度較高，所以可以先以「30 萬」為分水嶺，只要判斷能夠在 30 萬以下、或者可能超過，在裝修的章節我會再提醒哪些工程項目會造成裝修成本大幅提升，只要確認這幾個項目有沒有需要做，就能大致地掌握成本。

總結看房之前的準備工作：

租金行情的了解： 買東西若要開口殺價，一定是對於商品的市場行情價格有所了解，同樣的，租房也是，如果屋主開的價格明顯高於市場行情、與屋況不相匹配，你也因為不了解所以糊里糊塗地租了，最後很可能報酬不如預期；又如果屋主佛心忽然開了個低於市價的租金，你還嫌東嫌西猶豫不決，這時案件馬上就會被其他人搶走。

周邊環境的調查： 前面提到，物件的周邊環境會影響房子將來出租的賣相，所以和屋主約定看房，除了事先在 Google 地圖上做功課，了解動線及附近商圈，我還會提前 15 分鐘抵達，先在附近巷弄走動，了解周遭的生活機能、是否有嫌惡設施等。

投報率計算的熟練： 好的案件，需要非常果斷迅速地下決定，否則離開就會被其他人搶走，當場就要能根據屋況，調整出價；裝修完之後的出租價格，也要根據現場房間大小、採光等條件來做初步設定。所以在開口向屋主談條件之前，必須設定好底線，或是預先準備好幾種議價方案，如果他不願意降到這個價格、那我就要爭取其他設備補貼等等，熟練掌握投報率的計算，才能在現場做出最迅速又合宜的反應。

裝修成本的掌握： 對於沒有裝修經驗的人來說，不了解每樣

設備和施工的成本是很正常的，在後面介紹裝修方法的章節，我會再做說明，只要先有一個概念，40 坪以內的公寓所需資金通常不需要超過 30 萬，如果屋主有附帶冷氣、廚具、或是部分家具家電，那麼成本會再更低。將來執行設計裝修時，也必須守住這個底線，嚴格控制成本，在新手入門階段，往往會進行一番掙扎取捨，許多人為了完美呈現心目中的作品，不計成本地砸錢，以初期想要累積作品的想法來說並無不妥，不過長期而論，還是要理性評估，把關獲利喔！

屋主溝通術

　　「說好說滿，不如說話溫暖」，第一次見面的屋主，說哪些話可以提升好感度，說哪些話會一秒激怒對方，請先做好練習再去見屋主，這關如果破不了，就不用談後面說服屋主的魔王關了，所以闖關任務就是，要在與屋主或仲介碰面的短短幾十分鐘裡，贏得對方的信任與好感。我在實戰班的現場課中就讓學員們以小組形式兩兩 PK，助教扮演房東，實際模擬看房現場情況，房東要在多組看房租客中挑出他最喜歡的租客，誰是他想要租的人，誰又是令人一秒鐘就想趕出去的，這就是真實世界。

◆ 不要還沒見面就先攤牌 ◆

　　俗話說「見面三分情」，在租房的場景中，就是強調「當面

談」的重要。我們非常忌諱在還沒有見過面之前，透過電話或是文字訊息就與房東商談各種條件，這樣的說服成功率是非常低的。電話可以一言不合就掛斷，文字訊息可以已讀不回，聰明的業務員，懂得爭取見面的機會，讓屋主感受到自己的誠懇還有積極，在面對面的場合，多少會顧及顏面，比較不容易發生談不下去就趕人走的情況，因而所有的協商都有轉圜的空間。

當我們做好所有看房前的準備工作，拿起電話準備約看時，切記「不要在電話中講太多」，把精力和好印象留到見面，電話約看只需確認時間、地點，避免不必要的閒聊，要適時地主動引導問題，以免談話內容失焦，在屋主還沒有看到你的長相、對你產生好感之前，過度深入的談話反而給了屋主拒絕你的理由，連看房的機會都沒有。也非常忌諱在還沒有看房之前就詢問「租金是否有議價空間？」、「可以讓我裝修嗎？」此類假設性的問題。連房子都沒看過，屋主不一定想租給你，又或者是你看過屋況之後根本不想拿，談這類問題實在言之過早。

如果交手的對象是初次見面的仲介，只要記住一個原則，就是「把仲介視為屋主對待」即可，你會怎麼跟屋主說明你的背景和租房的目的，就怎麼跟仲介說明。大部分情況下，房源是經由屋主委託仲介，只有少部分情況下仲介是代表承租方來與屋主洽

談，這與買賣房屋有些不同。買賣房屋經常會有兩方仲介，分別代表買方與賣方，各自為自己的委託人爭取最佳利益。而在租房市場，除非是海外及商務型客戶尋找高端房源，否則我們只會遇見一名仲介，代表著屋主的權益。在這樣的情況下，仲介會傾向為屋主爭取最佳利益，並且成為能否順利見到屋主的關鍵角色，如果不能先取得仲介的信任，就遑論能取得屋主的信任了。此外，我們不應該吝嗇給予仲介費，有許多優質案源都掌握在仲介手中，如果能培養長期關係，對未來的物件開發將有很大的幫助。

◆ 聊生活不聊生意 ◆

頂尖業務員不與客戶談生意，而是先把「感情」談好了，再談公事。我們把屋主視為客戶，業績目標就是簽下這間房子，頂尖業務員不僅是簽下房子，還能說服屋主一切按照你的條件走。

在第一次與屋主碰面時，千萬不能急躁，一心想著辦完事走人，卻絲毫對屋主的背景與想法漠不關心。我們需要慢下腳步，先以交朋友的心態閒聊，並發自內心表達關心，屋主心情好了，自然也更容易談條件。在第一眼見面的時候，我會親切地與屋主打招呼作為開場白：「您好，辛苦了！請問從哪邊過來？」接下

來，在一起上樓的過程中，主動拋出話題：「這房子地點很好耶，怎麼不自己住了呢？」「從那麼遠的地方過來，真是辛苦了，現在已經退休了吧？麻煩您跑一趟真不好意思。」「以前的租客是怎樣的呢？」「這棟樓都是老鄰居嗎？您應該都很熟吧？」甚至可以從聊天氣開場，聊家人、聊工作、聊對方從事什麼行業，任何能夠使屋主開口的話題，都有機會獲得更多訊息，而對方越是願意吐露心事，就代表他越信任你，這已經是成功簽約的一半。

我們越了解屋主背景還有出租房子的用意，就越能理解屋主的想法還有他對租客的期待，這對於後續的條件談判是非常重要的，因為「知己知彼，百戰百勝」。所以千萬不要保持沈默任由空氣凝結！與屋主相處的每一分鐘都是能獲取更多關於房子訊息的機會，必須好好把握。同時，在交談的過程當中，也要主動揭露自己的背景，一段愉快的聊天一定是互動的，有問有答，如果只是不停探詢屋主的私事，卻對於自己的事情避而不答，會給人不誠懇的印象。

與屋主對話的過程，就像在面試工作，你在了解公司的願景符不符合自己的期待，而屋主也在評估你是不是合適的承租人，所以除了問問題，適時地表現自己的優勢也是重要的，要讓屋主感受到你能把房子照顧得非常好，這才是他青睞的出租對象。

◆ 找出房子的優點 ◆

試想，一個陌生人走進你的房子，劈頭就說：「哇噻！你這房子也太爛了吧，破成這樣，除了我沒有人會跟你租啦！」你的感受如何？

沒有人會喜歡批評他房子的人，切記不要批評房子。房子租下去未來好幾年的時間屋主都會和你產生關係，誰會想選一個看了就討厭的人呢？何況好的物件根本不怕租不掉，你不要別人要，屋主當然會選讓他覺得「送」的對象，「嫌貨才是買貨人」的邏輯，在租房世界裡我保證不但行不通，還讓人一秒暴怒。

面對屋況明明不好的房子，又不能批評，很憋？屋況再差，一定都能挑到優點來說的，給大家幾個示範：

A.「屋況是舊了一點，不過再整理一下就好了，我覺得這裡**地點很好**！我很喜歡！」

B.「這邊的壁癌有點麻煩，不過沒關係修一修就好了，我很喜歡這裡的**採光和通風**！」

C.「哇！這**客廳大**得我都可以在裡面跑步了，那個房間很小就算了啦！不然我睡客廳好了 ＾＾」

D.「欸～這個**廚房也太高級了**吧～啊這個門片溜皮我再幫你

重貼就好了啦！我超會 DIY 的！」

E.「這個**和室好經典**哦！小時候我們家也有！如果<u>門可以改</u><u>一下</u>變成臥室，我想要住這間！」

F.「這個**家具是實木的，很貴**耶！可惜我已經有好多家具，<u>用不到</u>說，還是我幫你賣賣看？」

每間房子都是屋主的心頭肉，他對這個房子可能有很多的歷史情感，所以就算在外人眼裡是個爛蘋果，他還是存在著一種自豪感，而且，沒有一間房子只會有缺點沒有優點的，挑好的去說，屋主聽了就心花怒放，覺得終於找到知音，當然就租給你不會想租給剛剛那些嫌東嫌西的人啊。

在稱讚房子優點的時候，其實我們也點出了房子有哪些問題：「屋況是舊了一點，要再整理一下」、「這邊的壁癌有點麻煩，不過可以修好」都是在表達房子還是有客觀上的問題，同時暗示：「這房子不是沒有缺點，但是我願意接受，而且我有能力解決」。這樣的訊息傳達是非常重要的，因為房子有什麼問題屋主是心知肚明的，他雖不喜歡人家批評，但是如果有人能夠幫他解決，他會非常感激，即使他嘴巴不說。這樣就能加深屋主對你的信任和依賴，比競爭對手更有優勢簽下這間房子。

與屋主溝通最有效的方法，總結起來就是「溫柔誠懇」四個

字，發自內心將對方視為長輩朋友，不要急功近利，維持良好的關係，不僅日後好相見，還有機會接到屋主介紹其他朋友的物件給你，我有曾經接觸的屋主，雖然最後因為種種考量沒有將房子租給我，但是沒過多久，竟然再次接到他的電話，介紹了其他的房子給我！無論何時何地，都在屋主面前留下好印象，廣結善緣，現在就開始練習好好說話吧！

03

六種屋主的
六種情結

　　你認為房東出租房子只在意租金嗎？其實這是一種迷思，這些年我帶著團隊和數千位房東打交道的經驗是，舊公寓出租的屋主以 60 歲以上的長輩為主流，他們的共同特徵是貸款早已付完、擁有兩間以上房產、經濟無虞，所以租金高低通常不是他們最主要的考量。背景不同的屋主各自有不同的心事，誰能聽出弦外之音，誰就能解謎，從「見面三分情」到「聊生活不聊生意」，你開始掌握聊天的藝術了嗎？

　　屋主對你有好感了，你差一步之遙就要拿下案子了，現在你該做的，是找出他的心結，打敗他的心魔，面對典型屋主六種，現在給你葵花寶典，能否練成東方不敗，就靠你自己了。

◆ 典型一：怕麻煩 ◆

年紀越大的屋主，越怕麻煩，希望租客背景單純，最喜歡租給家庭、公務員，認為這些族群較穩定，也不容易添麻煩，有時候連學生合租都會嫌複雜。

案例

曾經有位屋主，在招租廣告時就表明只租給家庭，在一開始與他接觸的時候，他對於轉租形式百般抗拒，認為太複雜，以前租給一家六口 10 多年了，以後也希望繼續租給家庭，因此直接打發了我們。一個月後，發現他的招租廣告仍掛在網站上沒有下架，其實也不意外，因為他這間房子超過 40 坪，有 4 個房間，屬於大坪數，但現在人口結構以小家庭為主，也越來越少三代同堂，與 20 年前相比社會風氣早已不同，大坪數的房子反而難出租，合租形式比較有機會。我們不放棄地再度與他聯絡，這時他的想法改變了，大嘆時代已經不同，這一個月來詢問的家庭寥寥無幾，反而是學生、上班族合租的情況較多，租給這些客群又擔心收租不穩定，還要擔心修繕問題可能會一直煩他，與其如此，

不如就把房子交給我們這樣的專業團隊來打理吧！

溝通技巧：

面對越怕麻煩的屋主，說服的關鍵是讓他了解，房子租給你，能為他帶來哪些方便？你能為他解決哪些問題？是因為你可以幫他修理壁癌嗎？因為你每個月租金都超前部署？因為你感覺起來比其他人都更不會煩他？還是因為你長得單純又可愛？

◆ 典型二：等都更 ◆

無論是否確實有都更案正在洽談當中，許多舊公寓的屋主仍對都更懷抱希望，因而出租只是過渡時期不讓房子閒置的作法，這類型的屋主，考慮都更隨時會發生，通常希望一年一年簽約。

案例

老公寓的許多屋主都會因為顧慮都更而不願意簽長租，屋主能夠誠實告知都是好處理的，只要向屋主詳細詢問目前住戶同意的進度，大致判斷拆除的時間，假設 3 年內很可能發生，就以 3

年來作為投報率計算，再評估要不要拿下。

比較麻煩的是，明明已經談定都更，卻故意隱瞞，明知拆除時間卻含糊帶過，有位學員就碰上了這樣的無良房東。

剛簽了 5 年的約沒多久，學員正準備要進場開始裝修工作，卻偶然發現公寓隔壁在進行地質鑽探的工作，他想起了屋主隨口提的「之前是有在談危老」，不祥的預感立刻閃過他的腦海。直奔找鄰居詢問，兩位鄰居都表示同意戶已經達標，現在只是等建商送件申請，順利的話明年就會動工。對於這位學員來說，包租案如果要繼續執行，只能是虧錢做白工，不幸中的大幸是，裝修工程還沒有開始，損失還不至於太多。學員對於屋主惡意欺騙隱瞞事實感到很生氣，找了屋主協商，希望解約拿回押金和預付的一個月租金，屋主不但態度強硬，還在談判尚未有結果的時候又重新發布了招租廣告，顯然想利用相同的伎倆繼續賺取不義之財。最後學員為了趕快結束這場惡夢，認賠 2 萬元出場，當作是繳學費買經驗。

房子會不會在租期內被拆除，是承租人決定是否承租的重要交易事項，屋主刻意隱瞞這樣的事實而謀取財物，是很有機會成立刑法上的「詐欺取財」罪，類似情況像：明知是違建而沒有告知租客也很可能觸法。只是如果要提告，常是勞民傷財又不符合

經濟效益，爭回來的錢也是大半拿去付律師費，這位學員選擇往前看，把時間精力花在開發其他物件，趕快開始賺錢比較重要。

要避免類似的風險，我會建議在簽約之前盡可能找到鄰居聊天，不只能了解屋主與鄰居是否有過糾紛，可能影響將來的經營，還能詢問關於危老都更情況，住戶一定是最清楚的人，比查詢任何網上資料都有效。

溝通技巧：

這類型屋主最在意的是租期的彈性，需要讓他感受到如果都更案真的確定了，你將無條件配合交回房屋，而且毋需擔心賠償問題。不過也要判斷都更發生的確定性，並且評估都更案進行的程度，如果同意戶已達標，那麼拆除的時間可能會在一年內，須審慎評估是否還要簽下這個房子。

◆ 典型三：法人屋 ◆

房子是由法人持有，老闆委託職員帶看房子，因為租金高低與其薪資無關，所以通常並不積極，約看也都要求於上班時間，只是回去交差，會挑選沒有要求、好處理的租客，議價空間不大。

有一天路過一棟位於巷弄的二層樓透天厝,看到掛著「租」字,雖然看起來不像是住家格局,我還是習慣性地隨手打了電話約看。看得出做過一些整理,但處理的方式不像是住家,比較像是餐廳或是酒吧之類的格局,而且像是做到一半突然停工,有中央空調的風管、營業用的抽油煙機、全部整平的地板、大片的落地窗,角落還有一個等待混成水泥的砂土堆。我向對方詢問原因,他說這是他老闆用公司名義買的房子,本來是要做餐廳,做到一半才發現台北市對於營業場所有要求巷弄的寬度,這條巷子太小所以無法申請通過營業執照,只好拿來出租,如果我租下來想要怎麼弄、要租多久都可以,而租金價格還有沒有空間他必須回去問老闆。臨走之前,他又突然轉頭低聲對我說:「就我所知老闆從來不讓人議價,因為他放著沒差。」

關於裝修、轉租、租期多久,法人持有的房子不會刁難,但是對於租金有一定的期待,寧願空置也不會輕易降價,因為租金投報率會影響將來房子賣出的價格。帶看職員通常不會表現得積極,可有可無,反正他只是來辦事的,不要一直煩他就好,幫你講價還會被老闆罵,何必呢。

溝通技巧：

法人持有的房子大部分都屬於長期持有，因此樂見簽訂越長的租期，對比一年一年簽的一般租客，用長約來說服會比較有優勢，但是切忌過度議價，法人持有的房子精算過出租的投資報酬率，因此在租金價格上不太會讓步。

◆ 典型四：住國外 ◆

屋主長期居住國外，委託仲介處理出租事宜，希望仲介幫忙篩選優質租客，但是不過問細節，若在屋況方面有需要做修繕，一般不會吝嗇。

案例

偶然在招租網站上看到一間由仲介發佈，地點、格局、屋況條件都看起來都非常好的房子，光速約看後，當場就決定要租下。與仲介聊天的過程中，了解到這個屋主已經和他配合了十多年了，家人的房子也一直是交由他處理，屋主人在國外，所以必須把房子交給信任的人打理。仲介幫我在電話那頭向屋主說了好

話，認為我是很優質的租客，極力推薦，即使我在開價已經便宜的情況下又殺價了 3,000 元。由於仲介的推薦，很快就順利談定簽約，簽約那天，屋主特地從國外回來，因為想看看我是不是如同仲介所形容的那樣，我想是的，因為他一直面帶微笑，看來似乎對我感到很滿意。關於轉租，他轉頭看了看仲介，似乎希望仲介能幫他確認這件事不會有問題，仲介也喜歡我，所以幫忙說服，接著屋主只問了一句：「你們不會拿來做日租吧？」確認了不會有這種情況，便安心地簽下同意。

偶爾，這棟樓的樓道需要重新粉刷，鄰居跑來詢問是否可以共同分攤工資，每戶 3,000 元，我透過原來的仲介請他向屋主轉達，如果同意的話我們可以代墊，再從下個月的租金抵扣，屋主很爽快地說：「好。」又或者，房東留下的冷氣故障了，我找師傅估價，修理費是 1,500 元，我再次透過仲介向屋主詢問是否可以修理，第二天仲介告訴我：「屋主說好，一樣從租金扣除就行。」我再把修理前、後的照片發給他，師傅來現場修理的時候也拍了照，仲介表示：「屋主比了讚。」

溝通技巧：

由於天高皇帝遠管不到房子，所以越是獨立自主、越不會找

麻煩的租客，越能獲得屋主青睞，如果能夠承諾協助修繕，小事情都自己處理，讓屋主覺得省心，在租金價格甚至是補貼修繕費方面不會計較。

◆ 典型五：媽媽型 ◆

房子用閒錢投資買來，或是計畫留給子女，屬於「菜籃族投資客」，這一類型的屋主容易對於年輕租客產生子女一般的情感投射，如果有眼緣，贏得他的好感，會像媽媽一樣看待你。

案例

一位 70 多歲的老媽媽，和我們約好了看房，其實在這之前我的團隊夥伴已經來過現場，今天我陪同他來做屋況的確認，並且希望能一舉拿下這間房子。一踏進公寓，老媽媽正比手畫腳地在講電話，一個手勢暗示我們稍等一下。我一邊看房，耳朵一邊注意到電話的內容，聽起來是有一間公司已經有意向承租，不過似乎在價格與裝修方式還在拉鋸。掛上電話，老媽媽說：「哎呀他們一直殺價，2 萬 7 已經很便宜了還要跟我殺到 2 萬 3，而且

還想把我的廁所不知道要怎樣用得很複雜，我比較喜歡你們的提案，簡單一點，那樣比較好。」我直接開場跟老媽媽說：「他們真的殺太低了，這個房子不只這個錢啦，2萬5租給我們吧！」老媽媽笑著卻沒有正面回應。我們在現場待了一整個早上，陪老媽媽檢查她正在進行的防水工程、聽她說兒子的近況、聽她年輕時買房的故事，老媽媽一邊忙進忙出，打掃著陽台，收拾著剛做完防水的房間，她好像不希望我們走，但是又一直沒有鬆口要不要租給我們，像是還有什麼心結沒有被打開。走進一個靠馬路的房間，外頭咻咻的車聲掩蓋了我們的談話，她忽然咕噥地說：「他們都不肯幫我換這個鋁窗，我防水都花好多錢了。」原來這就是她的心事！我連忙說道：「阿姨原來你是希望我們幫你把這個窗戶也換了哦？哎呀早說嘛，這個窗戶我們本來就會換的呀！這邊靠大馬路，這麼吵，一定要換的！」老媽媽突然喜出望外：「真的哦？那好好好，就2萬5租給你們！」話聲未落，她的手機又響起，老媽媽直接按了靜音，沒有接聽。接下來開始交代不可以把她的梯子和椅凳丟掉她還要用、電線太舊了要找電工來換她可以補貼一點、租金如果遇到假日要提早匯、還囑咐我要多吃一點看起來太瘦了……，臨走前我們約定了簽約的時間，最終順利地簽下這間房子。

溝通技巧:

媽媽型的屋主走感性訴求,很重視相處的感覺,因此需要花時間與他們搏感情,一旦突破心房贏得信任,不論是租金、修繕費、爭取設備都很好說話。

◆ 典型六:房二代 ◆

繼承而來的房子,或是父母輩買在他們名下的房子,屬於比較年輕的中生代,年紀多介於 45 至 55 歲,繼承而來的舊公寓多半不傾向自住而是出租,租金是多的零用錢,也不希望花太多精力管理房子。

案例

粉絲頁突然來了陌生訊息,表明他是屋主,有一間房子想要出租,希望我們能評估看看。這是一間屋況良好的房子,屋主近期也才剛完成整理,重新粉刷、換了新的系統廚具、兩間廁所都重新翻修。屋主說這是他爸爸買給他的房子,但是他因為工作地點不在附近不能自己住,所以想出租。我問為什麼想租給我們而

不是別人呢？他說：「我看到你們的粉絲頁呀，一看就是非常專業的，而且我沒有看過租房子還幫人做設計的，還裝修得這麼漂亮，能做到這種程度，一定不可能把房子租給亂七八糟的人啦！」屋主非常體恤我們翻修和採購都需要投入資金，不僅在租金價格上給予低於市場行情的優惠，還不辭辛勞地幫我們協調施工期間的噪音吵到鄰居，翻修完成後，我把照片發給他，他還驕傲地說：「我要發給那些鄰居看看！我們才不是什麼亂搞的二房東，是專業的包租團隊！」

溝通技巧：

房二代與老屋主一樣怕麻煩，不同的是較年輕的這個世代，對於房子委託給專業人士管理、裝修、轉租的接受度是比較高的，溝通會比較順暢，不過通常會主動慎選管理公司，希望委託給能好好照顧房子的人。

許多人開發失敗的原因在於「沒有花心思了解屋主的想法」，在看房的當下急於表達自己，侃侃而談，看完房子連屋主的背景都不知道，當然無法猜透屋主的心思。溝通是雙向的，一邊介紹自己的同時，也要一邊問屋主問題，了解他為什麼出租、住哪裡、

從事什麼行業、前租客是什麼樣的人、為什麼搬走、他現在希望租給什麼樣的人等等，獲得的訊息量越多，越能了解屋主對租客的期待，在介紹自己以及說服的過程，就越能朝著屋主的喜好去攻破心房，成為屋主最青睞的租客。

簽約請你這樣做

　　二房東要能合法轉租房子，取得屋主書面同意轉租是最基本的，但只是這樣，並不能確保未來就不會出現糾紛，二房東與一般租客的需求不同，不但涉及轉租還可能涉及裝修，因此與屋主簽訂的合約除了明定同意轉租，還需要針對裝修項目取得共識。

◆ 良好的溝通永遠比合約怎麼寫重要 ◆

　　在了解合約應該如何簽訂之前，需要先有一個基本觀念：「良好的溝通永遠比合約怎麼寫重要。」很多時候屋主在簽約的當下其實並沒有對於合約條文有足夠深入的理解，身為二房東，我們需要善盡解釋的義務，讓屋主真正理解字面的含義，如果沒有這樣做，有一天屋主可能還是會來跟你「歡」，說當初沒有講清楚。

我曾經有學員與屋主簽約時，屋主對於轉租、裝修都是同意的，也在合約上都載明同意，但是當裝修完成之後，屋主來看，發現隔間經過改動，即便都是按照現行裝修及建築法規，完全符合規範，但因為屋主認為事先對於「裝修」的定義沒有共識，他不接受這樣的改動，於是就產生了糾紛。在這個例子裡，以合約來看，二房東雖然在法律上可能站得住腳，但是因為事前沒有經過充分溝通，讓屋主完全理解改造前後的差異，對於某些特別在意屋況的屋主來說，就變成不能接受的事。還有一些學員，由於當初和屋主說與朋友合租，屋主認定他一定會住在裡面，所以也同意了轉租與裝修，後來在招租網站上發現他在招租，看起來一點也不像是單純的找室友，因此大發雷霆，堅持他違約，要求立即清退返還房屋，後面進入了冗長又令人煩心的調解與協商過程。

法律文件上屋主都是勾選同意的，但是仍然形成了糾紛，關鍵就在於彼此的認知是否一致。有許多例子都是因為認知不同，屋主即使簽署了同意卻還是來爭吵；反之，一個什麼都不在意只希望你不要煩他的屋主，就算你合約沒有載明同意轉租及裝修，他也不會來跟你鬧，因此「屋主的認知，比合約怎麼寫更重要」。

◆ 租賃專法對於轉租與稅賦的規定 ◆

在租賃專法推出之前，若租約沒有明定轉租權，是默認可以逕行轉租的，現在的租賃專法則規定，若無約定，視為不同意轉租。目前內政部出台的最新版租約範本，已經對雙方權利義務都做出較清楚的規範，也新增了可勾選同意或不同意轉租的條款；此外在修繕責任的部分，默認修繕責任屬於屋主，但可另行約定。在包租的情況裡，如果房子是要經過二房東翻修的，那麼通常會一併將修繕責任歸屬於二房東，只有少數情況會要求屋主負擔費用，例如滲水、漏水、樑柱開裂，或者原始存在於房子的附屬設施如：天然氣管線、熱水器等，這些可商量維修費用由屋主負擔，若屬於裝修造成的問題，自然由二房東來負擔。

在包租的合約中，最常出現的爭議是報稅問題，目前還是有許多屋主不願意承擔租金所得稅賦，若租給一般自住客，多半會要求承租人不得申報租金支出來抵扣所得稅，自己也沒有申報租金所得，但在二房東承租情況，會碰到屋主要求「因出租造成稅賦的增加，需由承租人來負擔」，其實租賃專法已經明定禁止轉嫁稅賦成本，所以即使合約上寫了這樣的條文，仍然是無效的，最好跟屋主解釋清楚。

◆ 租約並不一定只能使用內政部範本 ◆

　　內政部在最新版的住宅租賃合約範本中制定了「應約定及不得約定事項」以及「應記載及不得記載事項」，前者適用於「非企業化經營之個人房東」自行出租或租給包租業者的租約；後者用於規範「企業化經營之房東」例如包租業者或者職業包租公與消費者的租約。兩者內容基本精神一致，只有細節根據不同簽約主體做微調，其中比較重要的是「不得約定事項」及「不得記載事項」。條文繁瑣，有些人會擔心是不是代表只能用內政部的範本，否則違法？其實不是的，政府推出的租約範本是提供大家參考，只要合約的基本精神不違反應約定及不得約定事項、應記載及不得記載事項，就能自由使用自己擬定的版本，只要記住一個原則：「**應約定的沒約定，該事項仍構成契約之內容**」，而「**不該約定的卻在合約上做了約定，該部分仍屬無效**」，應記載及不得記載亦同，所以不需要擔心合約沒有與範本一模一樣會損及自身權益，例如前面提到的，法律說了屋主不可以在合約上約定增加的稅賦由承租人負擔，如果寫了，還是無效，出租人不能因為自身稅賦增加而主張承租人違約。不論使用自行下載列印的內政

部版本、文具店購買的版本、自己參考範本後制定的版本，只要不違反租賃專法的精神，都是可以使用並且有效的。

◆ 避免簽約前隔空喊話 ◆

有些人在簽約之前，就合約內容的討論經由 line、電話不斷來回修改合約，其實這些舉動是在增加簽約的難度，在沒有簽約之前能不能真的拿下這間房子，其實都是充滿變數的，每增加一項要求，就是在帶給屋主多一項麻煩，煩到極限，很可能你會收到的訊息回覆就變成是「有家人從國外回來，需要用這個房子，所以決定不租了。」收到這樣的訊息，絕對不是因為屋主真的有家人要使用，而是他覺得你太煩，不想租給你了！因此在簽約之前我們只需要針對租金、租期、轉租與裝修有基本的共識，其他都是小細節，等到簽約桌上再談，這樣才能提高成功率！到了簽約的時候，屋主已經推掉其他看房的競爭者了，也花了時間過來，再看到你放在桌上的一疊白花花的鈔票，便不會輕易改變主意，也容易被說服。

住宅租約之「不得約定事項」與「不得記載事項」：

	不得約定事項 適用於非企業化經營之個人房東出租	不得記載事項 適用於企業化經營之包租業出租
1	不得約定廣告僅供參考。	不得記載拋棄審閱期間。
2	不得約定承租人不得申報租賃費用支出。	不得記載廣告僅供參考。
3	不得約定承租人不得遷入戶籍。	不得記載承租人不得申報租賃費用支出。
4	不得約定應由出租人負擔之稅賦，若較出租前增加時，其增加部分由承租人負擔。	不得記載承租人不得遷入戶籍。
5	不得約定免除或限制民法上出租人故意不告知之瑕疵擔保責任。	不得記載應由出租人負擔之稅賦，若較出租前增加時，其增加部分由承租人負擔。
6	不得約定承租人須繳回契約書。	不得記載免除或限制民法上出租人故意不告知之瑕疵擔保責任。
7	不得約定本契約之通知，僅以電話方式為之。	不得記載承租人須繳回契約書。
8	不得約定違反法律上強制或禁止規定。	不得記載本契約之通知，僅以電話方式為之。
9		不得記載違反強制或禁止規定。
版本	依內政部 2020 年 7 月 13 日發布之：預告修正「住宅租賃契約應約定及不得約定事項」	依內政部 2020 年 8 月 14 日發布之：住宅租賃定型化契約應記載及不得記載事項

不買房當房東

確認對方有房產的出租權，和你簽約的不一定是屋主

簽約需要請屋主提供身分證，以及權狀、謄本或稅單三擇一的資料來確認是不是屋主本人，正本於簽約現場做核對確認、影本做合約附件留存。在產權證明三選一中，使用最新的第一或第二類謄本是最妥當的，因為「權狀」是可以宣告遺失後補發的，但是「被遺失」的這份權狀，卻能夠被有心人士拿來操作；而謄本是時時更新又全國連線的電子檔，只要上面記載的「列印時間」是最新的，就能確保上面記載的產權狀況是最新的，才不會出現「權狀上的名字與謄本不同」，原來產權早已被轉移的窘境；而稅單上的名字只會有一人，如果是共同持有的情況，稅單會擇一寄送，就無法得知是否還有其他產權人。另外，水電費帳單的戶名是可以輕易修改的，無法證明是否為產權人。

簽約時有兩種情況很容易被疏忽，就是「代理人簽約」或者「產權人不只一人」的情況。

有時候會碰到屋主人在國外、把簽約事宜委託給仲介或親友處理的情形，這時需要注意，非產權人進行簽約一定要取得產權人的書面同意，也就是必須簽署「授權代理書」，同時做為合約

的附件。授權代理書的意義是證明簽約人的行為是經過產權人的同意，並且賦予他代為簽約的權力，授權書上還需要說明授權範圍有哪些，是授權代理此標的物的「簽約事宜」而已呢？還是授權「全權處理此標的物之出租與管理事宜」呢？說明越詳細越好，當然也別忘了載明標的物的坐落地址。

另外一種容易被疏忽的情況是，房屋產權人為「多人共有」，例如夫妻共同持有、兄弟姊妹共同持有，這樣的情況下，我建議要求所有的產權人都在合約上簽名，也就是房子的出租經全體產權人的同意，如果無法全部到場簽名，也可以由一人出面，其他人則簽署「授權代理書」，指定一位代表來進行簽約。雖然法律上對於共同持有的管理（出租）規定是「持分過半且過半人數同意」或「持分超過 2/3 同意」即可，但因為出租是一個長期關係，只要有產權人不開心，租客的日子就不會好過，他也許在法律上站不住腳，但是他可以每天大吵大鬧搞得你雞犬不寧，所以我還是建議要全部人都知情並且同意，產權人超過 3 人的房子最好就不要拿了，處理起來會比較棘手。

曾經有學員開心地與仲介簽完約，過程中屋主並沒有出現，仲介表示屋主人在國外請他代表簽約，以後有事情找他就可以了，因此也沒有核實對方的身分及授權資料，後來因為房子出現

修繕問題，對方卻開始避不見面，有一天一位陌生男子突然敲門，宣稱自己是屋主，這才恍然大悟他是跟野狼簽了約！對方不但不是仲介，也根本沒有經過屋主的同意，只不過是「日租」了這間房子，把鑰匙拿去複製，又知道屋主長期不在國內，見有機可乘，便劃地為王，把別人的房子拿來招租，騙走了租金與押金，當然合約上留的資料都是假的，受害者還不止他一人。所以無論對方聲稱他為何種身分，一定要確認出租人是否確實為屋主或經屋主授權同意。

我在上海則曾經遇過，以公司名義與屋主簽約，身分證核實了、產權證明也帶了，確實是產權人沒問題。一年之後的某一天，一位女性忽然跑到公司來大吵大鬧，聲稱她才是這個房子的屋主，她沒有同意租給我們，要求我們立刻清退租客返還房屋。我們都傻了，調出合約附件仔細一看，才發現產權人名字不只一個，原來這是一間夫妻共同持有的房產，當時和我們簽約的是丈夫，現在他們在鬧離婚，所以妻子想要回這個房子。最後我們選擇吸收自己疏忽大意造成的損失，與租客協商搬遷，把房子還給了這對夫妻，至於他們是否真的離婚，就無從得知了。

◆ 不要有得失心，沒有非要不可的房子 ◆

在簽約的過程當中，無論使用哪一種租約版本，只要有塗改的部分，一定要請雙方都在旁邊簽名或蓋章，證明這個塗改是經雙方同意而非單方面偷偷修改；如果屋主提出了令你感到不舒服的霸王條款，要有說不的勇氣，天下房子何其多，根本做不完啊，沒有必要硬是拿下一個高風險的房子。

我有一些學員在說服屋主轉租的時候，因為屋主不同意，當場就慌了，沒有堅守底線，就這麼簽下一個沒有取得轉租同意的房子，後來屋主在網路上發現他在招租，當然是非常生氣，後果也就是一系列爭執、存證信函、調解、賠償、清退租客、認賠出場的痛苦過程，不只對雙方都是傷害，也牽連了無辜的租客，所以我總是一再強調，簽約不要有得失心，現在就不順利，就算勉強簽下來，以後的經營也不會順利的，沒有非拿不可的房子，但求穩健安心。

我還曾有一個學員明明取得了屋主的轉租還有裝修同意，沒想到有一天屋主突然反悔，想收回房子，暫且不論是什麼原因造成他的反悔，他聲稱當初並沒有同意轉租和裝修，調出合約一看，實在不妙，在關於同意轉租與裝修條款的地方，有好幾塊立可白

塗改的空白處，但是卻沒有任何人的簽名或蓋章，如果對簿公堂，他就可以聲稱這是承租人自行塗改的，他根本沒有同意，這就是為什麼對方言而無信卻敢大聲說話的原因，結果自然會演變成各說各話，就看法官或裁判人的自由心證了。

在簽下任何法律文件之前，一定要仔細讀懂裡面的一字一句，因為你的權益有可能就因為一字之差造成完全不一樣的結果，法律說穿了是玩弄文字遊戲的學問，要知道「法律只保護懂的人，而不是正義或弱勢的人」。

第5章

與租客交手

01

為你的
「共居實境秀」選角

　　共居生活就像是一場沒有劇本的「真人實境秀」，房客們不但是主角，也是自己的導演，而我們的工作是為這場實境秀「選角」（casting），幫助「導演們」挑選出最適合節目的演員。挑選租客就像是一場「試鏡」，導演不一定出現，要靠選角人幫忙篩選出「氣質」與「人設」最接近節目需要的效果又最符合導演期待的新秀。

　　說到選角，不知道你有沒有參加過試鏡的經驗？我有過，在徵求試鏡演員時，選角人會說明要拍攝的主題，需要的演員是男性還是女性、年齡層介於幾歲到幾歲、要飾演什麼角色等，演員根據開出的條件先初步判斷自己符不符合，或者喜不喜歡這樣的演出，再決定要不要爭取試鏡的機會，然而爭取到了試鏡機會，

卻不代表最後一定可以獲得演出（我就失敗了，所以現在在這裡寫書）。如果決定參加試鏡，一定要先提供個人平面資料及清楚的照片，照片的挑選也非常重要，氣質和性格越接近角色，越有機會被選中，如果角色設定是要扮演熱愛運動的健美小姐，我卻穿著套裝連肌肉線條都看不出來，選角人無法將我和角色做聯想的時候，當然直接就被跳過。

　　當租客在網路上看到了招租的廣告，詢問是否可以看房時，試鏡就開始了。這時你會先看看演員的平面資料包括年齡、性別、職業，覺得基本符合要求，才會展開與他的對話，如果平面資料就不符合，例如角色人設是 20 ～ 38 歲，對方卻是 60 歲，那你完全沒有必要浪費時間再做進一步的接觸。基本資料符合，還不代表能夠邀請對方來試鏡，會請對方提供更多訊息來幫助你了解他「是不是有適應共居生活的潛力」，以下是我會詢問的幾個問題，如果符合設定，我才會安排這場試鏡，而當然對方也是有可能在試鏡完發現自己不想演出了，這也沒有關係，再找其他人來試鏡。

◆ 約看必問三大問題 ◆

為了了解租客是不是有適應共居生活的潛力，又符合室友的期待，在收到約看的詢問時，我一定會先詢問對方預計起租的時間、請對方簡單的自我介紹（性別、職業、工作地點、年齡、興趣等）、了解是否有過合租經驗。

1. 問起租時間

很多人提前好幾個月甚至半年前開始找房，如果房子已經空置是要馬上出租的，不可能把房間空在那邊等他，這時候如果安排他來看房是沒有意義的。我們要優先安排能在兩週之內起租的人來看房，才能提高帶看的效益還有成交的機率。對於無法兩週之內起租的，也不用直接拒絕，委婉告訴對方希望優先安排給比較急著入住的人來看，如果到時還有空房，再邀請對方來，這樣不但不會令對方感到不悅，還能保留口袋名單，作為下一批招租的優先邀請對象。

2. 請對方自我介紹

有些人可能會覺得租個房子為什麼要這麼麻煩，而且對方講的也不一定真實。其實請對方在約看前自我介紹，最重要的是看對方的「態度」，倒不是回答的內容，就像在挑選試鏡演員的時

不買房當房東

候會請演員自己先錄製一段影片做自我介紹，從自我介紹的過程來觀察有沒有符合角色人設的特質，而演員配合的程度越高，代表他爭取試鏡及演出的動機越強，一定比冷漠、愛講不講、態度高傲的要更討人喜歡吧！配合度低會令人懷疑他真的想要演出嗎？以後搬進公寓是不是也繼續「做自己」，只希望別人配合他而不是融入室友們呢？共居生活希望找到的演員特質是開放的心態和能為別人著想的體貼，如果只是自我介紹就百般不耐煩，那就不會是合適的共居租客。

3. 了解是否有合租經驗

對方過去有沒有合租的經驗，是評估能不能很快適應未來共居生活的重要依據，因為共居型態的特殊性，要求分享、開放的態度，也會需要共同承擔家務，如公共區域的打掃、倒垃圾等，如果沒有合租經驗，會需要經過磨合，很容易出現不適應的情況，進而影響到其他室友。因此如果對方沒有過合租經驗，就要進一步詢問為什麼現在想要嘗試共居？如果是抱持與人交流的開放心態，又認同環境需要一起維護整潔，那麼還是可以考慮的對象。

成功安排試鏡後，到了現場，還可以再根據對方的工作型態、作息時間，盡可能配對出與其他室友最契合的人選，這樣能夠提高租客的居住滿意度，也才能提高續租率。

除了問問題，你還可以「鍵盤柯南」一下

　　合租客群主要集中在 20 至 38 歲的年齡層，也是對於網路使用非常熟悉的一群人，特別是 Facebook 與 Instagram，凡走過必留下痕跡，透過對方的社交帳號，就能對這個人的背景有一定程度的了解，看對方公開分享的貼文、照片，雖然也許因為不是好友不能看到全貌，還是能對他的喜好、興趣、生活型態與職業有一些輪廓，例如他的照片常常出現在五光十色的地方，和一群朋友喝的醉醺醺的樣子，那你大概就知道他喜歡夜生活，是個玩樂咖；如果照片出現很多登山、潛水的戶外活動，那你就知道他可能比較活潑開朗，或是樂觀陽光。

　　在 FB 的招租社團中，還能夠看出一個人找房的軌跡，他找了多久、是否在其他招租貼文中有過酸民留言的行為、是不是到處約看卻看了一年還在問？這些足跡可以判斷對方是否誠心在找房，還是看爽看好玩的，別以為這是把人想壞了，是實務中我見過太多這樣的例子，還有許多是同行試探，不是真心要找房，如果對方以假帳號約看，我會請對方另行提供基本資料，或是直接冷處理。如果不做網路調查工作，靠陌生來電、加 line 約看，無

法得知對方的背景或基本資料，也看不到長相，對於選角任務來說是非常沒有效率的。

◆ 不挑租客會怎樣？ ◆

我在大學剛畢業的第一年，住在新北市一個有 6 間雅房的公寓裡，室友有像我這樣的年輕學生、有 25 歲上班族、有 60 歲從事清潔工作的阿姨、有 40 多歲從事營造業的工人、也有 30 多歲的銷售員，因為年齡層與背景差異大，幾乎找不到共同的話題，每個人的作息時間也都不同因此影響睡眠，只要客廳有人在，其他人就會選擇躲起來，或是出門避免尷尬。這樣的居住空間，與其說是「共居公寓」，比較像是工地裡的臨時宿舍，不但稱不上「家」，還令人惶惶不安，我也只住了四個月就提前解約搬走。如果當時房東能夠為租客多想一點，「選角」出背景相似、年齡相仿、興趣相投的人進來當室友，氣氛就會完全不一樣，我也就不會那麼快就「住不下去」。

一個不經選角的實境秀，不但劇情不受控制，節目效果也不受控制，就像我那 20 年前的「工地臨時宿舍秀」，沒有火花、沒有激情、乏善可陳、沒人想演，沒人演你就天天招租，房子空

著天天虧損，運氣再不好一點，住進了豺狼虎豹，作奸犯科，你的整個租房事業也就跟著終結了，「不挑租客」絕對是租房大忌第一名！

看房現形記

　　「共居生活實境秀」需要選角,所以安排試鏡,到了試鏡的現場,即使還沒有正式對著鏡頭表演,演員在鏡頭外的一舉一動其實就已經開始是試鏡的環節了,有沒有遲到、態度好不好、有沒有準備融入角色,都已經開始進入觀察。如果遲到但是選角人願意等,也許是因為他是導演期待的明日之星,所以願意給機會,但如果 No show,沒有人會等,只會在平面資料上直接打一個叉叉,把他變成黑名單。

　　試鏡開始,選角人手上已經有了演員的資本資料,邀請演員一一開始表演,選角人會給演員幾句台詞,要他模擬角色做一些動作、說一些話,從他表演的過程當中,感受他符不符合角色的氣質與人設,演員也可以問問題,了解這個節目還有其他哪些角色、設定在什麼場景,思考自己應該怎麼做才能更融入劇情。

在我們看房的試鏡場景中，不會給演員台詞，而是透過聊天讓演員自由發揮，比較像是即興舞台劇，我們會從他的演出判斷他所詮釋的角色，符不符合共居生活對租客的期待，他有禮貌嗎？他的作息會不會影響室友？他的工作和其他室友會不會有話題？他是活潑還是內向？是大方豪爽還是斤斤計較？他在乎別人的感受嗎？他細心體貼嗎？

下面是五種情境的看房現場，看看你對租客的感受是怎樣的呢？

場景 1

- -

「請問找得到路嗎？要不要我去接你？」和我們約定的時間已經過了 15 分鐘，我耐著性子留言給他，卻沒有看到已讀。又過了 15 分鐘，我幾乎準備離開現場，忽然接到他直接打來的語音通話：「我到了。」

進門之後，我以為會得到一個解釋，說明為什麼遲到這麼久，結果沒有。

他劈頭說：「欸你們這裡很難找欸，我差點不想來了。」

我說：「對，所以我先把地址發給了你，請你先 Google 一下，

也問是不是需要去接你。」

「我看不懂 Google 啦，有夠煩，看個房子這麼麻煩。」

◆ 遲到又怎樣我很忙 ◆

遲到乃人之常情，說一下就好了，但是有些人就是不會歹勢；帶看被放鳥乃兵家常事，但是有些人就是覺得別人的時間不是時間。如果遲到還一副理所當然的樣子，應該人生當中所有他得到的好處對他來說都是裡所當然，遲繳租金催促他，還會換來一頓「你是很缺錢嗎！」的羞辱。

場景 2

一開門就像回到自己家裡般自在，還來不及喊他脫鞋，就直接走了進去，不說話也沒有表情地開始巡視房子，沒有要跟我交流的意思，我忽然變成了空氣。忙進忙出東摸西摸，然後在兩個雅房中選了一個，在床上坐了下來，砰砰砰地反覆微微站起又坐下地測試著柔軟度，接著又忽然像是想起了什麼，跑到客廳，推了推桌子，想確認夠不夠穩會不會晃。

「你為什麼要換地方住呀？之前住哪裡？」雖然氣氛很冷，我還是勉為其難地開啟了話題。

「就想換地方不行嗎，你們要管這麼多的喔？」

「那你有什麼問題想問我嗎？」他依然正眼都沒有看我一眼，只是不停轉著頭巡視著。

「想到再問你。」

「有喜歡嗎？」

「還可以吧。」

◆ 活在自己的世界裡 ◆

看房過程中把我當空氣，有兩種情況，一是個性木訥，不擅與人交流，所以雖然沒有惡意，但並沒有意識到這樣的行為很失禮；二是單純自我為中心，其他人都是浮雲。不管哪一種，都會令人擔心將來和室友的相處會出現問題，我們不像套房那樣活在自己的世界裡無妨，共居生活必須考慮室友的感受，我今天感受到了他對我的無視，住進來之後，就是室友要長期忍受他的無視，這會給共居生活帶來詭異的低氣壓，不是我們希望的演員。

「欸，你們的家具都是 IKEA 的吧？看起來也不是很貴，會不會用一下就壞了？」

「是有可能啊，之前有個人看起來也不是很胖，卻把我們的床睡斷了，百年一見的奇才啊。」

「你們可以跟我保證不會有蟑螂嗎？」

「我沒有辦法保證耶，因為蟑螂也不是我養的，啊你們沒給他東西吃他就不會來啊。」

「我覺得電費要一起分攤很不公平耶，如果有人 24 小時吹冷氣怎麼辦。」

「你也可以 24 小時吹餒，開玩笑啦！共居就是一起 share 所有的能源，沒有辦法算得很清楚的，如果你真的很介意的話，套房可能比較適合你。」

「你們有讓男生來住喔？這樣很不 ok 吧！女生很沒安全感。」

「有男生的房子才安全啊！壞人不敢進來，還可以叫他們幫忙搬東西，多好。」

◆ 嫌東嫌西顧慮多 ◆

有些人以為「嫌貨才是買貨人」，問題這麼多一定是很想要租我的房子。不是的，挑三揀四顧慮多的人不代表他對你的房子一定有興趣，有些人是單純愛抱怨，或者真心覺得自己很委屈。一旦帶著喜歡抱怨或者委屈的心入住，日後生活裡的一點小小麻煩很容易就被無限放大，與其在日後勉勉強強，不如在一開始和平分手。

場景 4

- -

「你好，明天可以看房嗎？我很急，如果可以的話我明天就直接入住，我會把行李都帶著。」

「呃，請問您為什麼這麼急著要搬呢？」

「不瞞你說，我剛剛跟我男朋友分手了，我想趕快搬出去，希望你可以幫幫我 ><」

不買房當房東

◆ 拖著行李找房 ◆

　　我不知道他跟男朋友究竟發生什麼事，但是聽起來這是一個非常衝動又臨時的決定，如果我同意讓他搬進來，接下來就會有兩種極端的情況，一是過幾天你們又和好了，於是吵著解約退租；二是你男朋友有暴力傾向，找上門來要把你帶回去，然後我會有一群受到驚嚇的室友，還有警察上門來關心。不管哪一種都很悲觀，我都不喜歡，所以很抱歉我不能幫你。

　　另一種拖著行李來看房的情況是從中南部北漂，為了想省住宿費所以很快就做決定，這算是比較隨意的行為，我還是認為屬於「衝動又臨時的決定」，對於公寓的穩定性來說會是傷害，沒有經過深思熟慮的租房行為，很容易就反悔要求解約。

　　所以無論什麼原因要拖著行李找房，我認為都存在非常高的潛在風險，一律不會同意看房。

場景 5

- -

「哇！你這裡真的跟照片一模一樣耶！都沒有騙人！」
「當然囉！你有看過現場和照片不一樣的房子嗎？」

「有啊！很多耶！一大堆都是照片看起來很漂亮現場完全不是這麼一回事。」

「是哦！」

「這個客廳好大哦，我可以在這裡坐一下嗎？」

「可以呀可以呀，你慢慢看，有想到什麼都可以問我。」

「我覺得我可以感受到在這裡大桌子前面工作的悠閒了，好像咖啡店哦，我可以進去房間看一下嗎？」

「好啊好啊，這個房間比較小，不過我有設計了一些收納空間。」

「真的蠻小的耶，不過看得出來你的設計很用心，對了現在的室友是怎樣的呀？」

「最大的那個房間住的是一個男生，他在蘋果當工程師，另一間是自己創業的女生，很忙所以常常不在，還有一個男生在蝦皮當客服。」

「哇噻！我想要跟他當朋友！這樣買東西可以打折嗎哈哈哈！聽起來很不錯耶，房間大小還可以啦，客廳這麼大，夠舒服了，反正房間只是睡覺啊！我決定要租，是要先付訂金嗎？」

不買房當房東

◆ 兩眼冒愛心 ◆

在通過了試鏡甄選及「約看必問三大問題」的考驗後，來到這個場景裡的租客，大部分都屬於這一類型的，也是我最喜歡的。從一進門就不掩飾地表現對房子的喜愛和欣賞，也很大方談論自己的感受，雖然不一定需要很活潑或是像他表現得這麼誇張，但是會讓人覺得和他溝通愉快流暢。在看房過程中他不斷詢問「可以坐一下嗎？」「可以進去看嗎？」都是細心有禮貌尊重他人感受的表現。最後他詢問室友是怎樣的人，表示他重視人際關係，也在乎室友的素質，這樣的人本身素質也不會太差。符合以上這些特點住進共居公寓的人，很少出現與室友相處摩擦的問題，也多半獨立自主，是令人放心的天使租客。

◆ 挑選租客的原則 ◆

看完以上「5 場戲」後，你對於什麼樣的人適合共居生活有比較清晰的輪廓了嗎？以下是我挑選租客的原則：

絕對不租	沒禮貌、愛講不講、嫌東嫌西、急著當天入住
歡迎來租	態度誠懇、有問必答、眼冒愛心、有合租經驗

　　許多房東在意租客的職業只是為了知道是不是高收入族群、有沒有高付租能力，其實高付租能力不等於是優質租客，有沒有看過新聞說，有個租客一口氣付清了一年租金，眼都沒有眨一下，一年過後，屋主要點交收回房子，租客卻避不見面，才發現整個屋子被改成「機房」，是詐騙集團的工作室。所以付租能力強不等於是優質租客，我寧願用言談舉止的行為細節去觀察一個人，而不是單一的用付租能力去定義。

　　也有些房東會用租客是否能交齊押金作為判斷付租能力的指標，如果二個月的押金租客要求分期支付，就歸類為可能欠租的高風險份子，這一點我個人並不是很認同。我自己剛到上海工作的時候，面臨剛搬家、工作移轉、跨海匯款等種種問題，由於上海租房子是付三押一，一次要交四個月的租金，租金又高，四個月的租金相當於一次要拿出幾十萬台幣，所以我也向房東提出了希望能分期支付的請求，當時有的房東拒絕了我，也有佛心房東願意給我緩衝期，我的心裡是非常感激的，而我也依約補齊租金

和押金，並且從來不欠繳。人難免有困難的時候，我認為身為一個房東如果能夠給予租客適當的體諒，可以幫助到其實優質只是一時有困難的人，所以只要在性格方面符合我挑選租客的條件，會依個案情況斟酌，在押金部分不會太過苛刻。

03

制定遊戲規則

　　華麗的試鏡賽結束了，我們找出了「貌似天使」的租客住進了公寓，接下來就一定可以永保安康嗎？我只能說「已排除掉大部分的風險」，人都有可能因為遭遇生活上的一些打擊而導致性情大變，又怎麼能憑一場幾十分鐘的試鏡賽就保證「他演的是自己不是別人」呢？所以接下來，在正式搬進公寓之前，我們還是必須先制定好遊戲規則，讓所有的室友都清楚明白並且願意共同遵守，才能再降低日後發生衝突的機率。

　　所謂遊戲規則就是一份清楚的「生活公約」，內容圍繞著共居的環境裡面我們希望室友共同遵守哪些約定，才不會影響到室友的權益，例如禁止帶人留宿、禁菸、禁寵、公共區需輪流打掃、禁止大聲喧嘩影響室友等，又例如現在出現了 covid-19，可針對疫情來要求室友必須遵守政府防疫措施，如果需要自主隔離，必

不買房當房東

須住進防疫旅館而不能回到共居公寓裡等。條文可以根據需求制定，但必須是「原則性」的要求，不要落入太過細瑣的吹毛求疵，像是我看過有房東規定晚上10點以後不能洗澡、11點必須熄燈、帶朋友回來要登記等，簡直把公寓當軍營管理，未免矯枉過正，租客是來尋求家的感覺，不是來當兵，而且大家都是成年人了，沒必要還像學生宿舍一樣三申五令。

其實你要求越多，最後會發現，吸引進來的租客越是媽寶，因為你本質上就期待這樣的人，否則也不會像個媽媽一樣耳提面命，不是嗎？我們雖然希望公寓的管理能夠呈現出自己心目中的想像，但也千萬不能低估租客自行解決問題的能力，就好像你越放手給孩子自己思考並動手解決問題，他才能成為真正獨立自主的大人。

租客什麼樣的行為是我們最期待的「天使租客」呢？我的定義是：準時交租、整潔安靜、獨立自主。

◆ 天使租客 1：準時交租 ◆

差幾天也要計較，你這麼缺錢噢？母係母係，千萬母湯誤會。一個能夠遵守約定的人，代表他做事謹慎，而且尊重我們彼此的關係，明白「房東提供了住房服務，所以我應該支付服務費」的邏輯，到旅館住宿我們也不可能跟櫃檯小姐說：「歹勢，我先住一下，租金慢一點再交」。能夠準時交租，表示他對於金錢的使用是有規劃的，背後的意義是，他是一個自律並且對生活有想法的人，於是我也能更加確認，他現階段的生涯狀態是穩定的，不容易有突發狀況產生。準時交租是一種暗示自己生活狀態的表現，你可以仔細觀察，習慣性欠租的人，生活裡通常也是一團亂，丟三落四忘東忘西，這都是牽一髮而動全身的。狀態穩定的人，做事有邏輯，會照顧自己，不會給室友添麻煩，這才是準時交租的含義。

◆ 天使租客 2：整潔安靜 ◆

我不是指個性活潑的人不是好租客，而是在合租的型態中，因為空間是共享的，維持空間整潔、不打擾其他室友，這是尊重

不買房當房東

同住人的表現，我們不需要規定大家要如何打掃、幾點之後要安靜，而是透過室友們對彼此的體貼，維持好的共居環境，這樣才能讓室友的居住體驗是好的，也才能維續好的續租率。有時租客到期不續約的理由是「室友太吵」，不一定是大聲喧嘩，而是不知道「什麼時間該做什麼事」，明明室友在客廳工作，他卻在旁邊把 Netflix 開擴音，天使租客是「知道室友需要專心，所以我戴上耳機。」「知道這個空間還有其他人要使用，我用完整理乾淨。」天使租客總是知道怎麼體貼別人。

◆ 天使租客 3：獨立自主 ◆

離開家在外面租房子，沒有了父母的照顧，生活裡的大小事都要靠自己解決，而整個租屋共居的過程裡不只是有生活瑣事，可能還會有人際問題要處理，也就是室友之間相處的藝術，更嚴肅一點還有簽訂租約的法律層面問題，獨立自主是讓彼此溝通不碰壁的基本原則。碰到燈泡壞了、鑰匙忘記帶了、馬桶堵了之類的生活瑣事，一個獨立自主的人不麻煩任何人就能解決，而「媽寶」會變成其他室友的負擔，整天幫他擦屁股。

◆ 想找到天使租客，先當個好房東 ◆

　　我們的選角是在幫共居生活裡的主角們找室友，要用體貼室友的同理心，放慢腳步來細細挑選，才能創造好的共居環境，我一向不主張「最近看房人很少，就租給他吧」的心態，這樣就很容易破壞共居的平衡生態。雖然看起來我對於租客篩選的要求很嚴格，不過人與人的相處是互動的，我在幫實境秀選角，演員也不見得喜歡劇組或喜歡導演。好房東一定會反應在產品本身，也就是屋況，一個屋況良好又漂亮的房子，代表房東用心整理，也在乎租客的感受，自然能夠吸引好租客，反之，屋況本身就破破爛爛，對於租客素質也不要求的房東，住進了壞租客就一點也不奇怪了吧！想找到天使租客，先當個用心又體貼的好房東吧！

◆ 遊戲規則說清楚 ◆

　　我常常聽到身邊的包租公婆抱怨租客難管理，一點也不能讓人省心，只好不停地學習新技能來升級打怪，租客說馬桶堵了就跑去通；租客說燈泡壞了就跑去換；租客說冷氣壞了打不開，結果是遙控器電池沒裝；租客說網路壞了，結果是WIFI的插頭掉了。

別笑，這樣的故事太多了，「直升機房東」太多了，殊不知因為你直升機，租客才被你寵成「媽寶」，我們千萬不能成為一個「隨傳隨到」的管家婆，所以才要制定生活公約。生活公約是基於對室友的體貼，為了維護公平所制定，同時讓租客知道哪些事情他必須獨立自主，願意遵守的人會讓共居生活和諧愉快，無法認同的人可能不適應共居，很快就會與室友發生摩擦，我們會花更多時間精力處理人際問題。

在跟租客打交道的過程中，最忌諱讓租客養成一點小事就找房東的習慣，制定生活公約的目的是讓合租生活減少摩擦，有共同的規律可循，但並不代表要幫租客不停地解決問題，獨立自主才是我們心目中的天使租客。什麼樣的事情我們會認為租客需要自理呢？大致的歸類來說是「與房子結構、硬體無關的部分」，也就是「耗材類」的處理，例如換燈泡、換蓮蓬頭、換電池、冷氣濾網清洗、窗簾清洗等，另外和租客本身習慣有關的例如鑰匙忘了帶、馬桶或下水道因人為使用不當的堵塞、公共空間的整潔等，這些都不屬於房子交付的結構或硬體設施，作為耗材的實際使用人，自然應該對其損壞的更新負責。若是附屬設備故障、結構問題漏水等，修繕責任才屬於出租人。

讓租客理解即使是租來的房子也有自己需要承擔的責任，這

是很重要的，一個認為自己不需要對自己使用的物品、甚至是自己的行為負擔任何責任的人，今天叫你來換燈泡、明天就能叫你來通馬桶、後天忘記帶鑰匙叫你來開門，也許到了交租的時間，也是你追著他跑才拖拖拉拉給你租金，反正你沒脾氣。一開始就要為彼此的互動定好節奏，像是跳探戈，房東必須是領舞人，而不是被帶著走。

　　我在上海曾經遇過租客要求我們幫他洗窗簾，當時公司的服務宗旨是租客至上，因此答應了他的要求，很快的，舉凡各種生活瑣事他都希望我們幫忙處理，換燈泡、額外的公共區域打掃、清洗冷氣濾網，在我們使命必達之後，卻忽然開始欠租，一開始是遲個三、五天，漸漸地變本加厲延遲半個月、一個月，我們也從一開始的柔性勸導及善意溝通，變成嚴正聲明並且寄出律師函，沒想到他帶著聲稱為律師的朋友，到公司裡大聲咆哮，無視自己欠租的事實還睜眼說瞎話主張自己的權益，令人大開眼界。這種租客不在少數，服務至上的想法為公司帶來各式各樣的麻煩，從此我大刀闊斧調整公司的服務政策，明確服務的項目及範圍，雖然包租可稱為「生活服務」的一種產業，但是奧客卻往往是自己養出來的，我們在一開始樹立清楚的遊戲規則，即使看似有些不近人情，卻可以消除租客對於「服務」的不健康期待，而

真心喜歡你的房子的租客，是不會介意的，會樂意遵守遊戲規則，這才是健康的互動模式。

我有學員在經營物件一陣子之後向我求助，說 A 公寓的某租客三天兩頭要他上門處理一些雜事，而 B 公寓的某租客又經常與室友發生爭執，因為他不願意共同分擔打掃工作等等。類似的情況反覆在他的房子裡出現，而且並不都是同一個物件也不是同一個租客，細問之下我發現，他為了儘快出租，根本沒有做租客篩選，只要對方掏錢他就租，又因為怕租客不滿意離開，所以不管租客有什麼要求，他都一律飛快地上門處理，說到底，把自己搞得這麼累，都是因為沒有建立清楚的遊戲規則，又把租客寵上天，根本都是自找的。我點出根本原因之後，他才意識到自己的管理方法不對，把媽寶租客請走之後，重新招租，嚴格地做租客篩選，寧缺勿濫，並且添加生活公約，說明清楚，之後的包租人生忽然變得好輕鬆！再也沒有租客找他麻煩。

如果你不希望吸引到媽寶租客，你就必須像對待成熟的大人一般與他們交手，耳提面命囉哩叭嗦，都不如制定一份簡單易懂的生活公約來得有效。而有了生活公約，不代表他們之間就一定不會有摩擦，作為沒有住在房子裡的管理人，我們永遠無法得知事情的真相，所以也不要輕易介入去協調他們之間的糾紛，讓成

年人自主管理，這是他們的實境秀，你不是演員，你是在演員失控的時候，和導演們商量要不要換角。

水電瓦斯
佛系管理

　　能源費的計算與繳納方式，要在決定經營模式的一開始就要考慮進去，整租的房子水電瓦斯費可以請租客收到帳單後自行繳納，而分租套房的電費需要依度數抄表計價，那麼合租的房子該如何計算能源費呢？

　　合租型態的能源費計算方式有三種模式：室友均攤、電錶計價、按人頭計費：

◆ 一、室友均攤法 ◆

　　邏輯與整租一樣，也就是「請租客收到帳單後自理」，通常會由其中一位比較熱心的室友來主動幫大家繳納並且計算每人須分攤的金額、向大家收取，這種方式對於出租人來說完全不需要

進行主動管理，比需要抄電錶的套房還省心，也是我目前唯一採取的方法。需要注意的是，由於每個房間入住及退租時間不一，因此有時需要按照居住天數的比例來分攤，如果室友不清楚其他房間的進退時間，可能會需要管理者的協助計算。如果在經營之初就決定要採用這樣的方式，必須在租客簽約時就說明清楚，佛系的「室友均攤法」也與「媽寶養成」有關，遊戲規則一開始就要說明清楚，否則媽寶一旦養成，再要求他自主管理，難度會非常高，還會招致抱怨。

◆ 二、電錶計價法 ◆

與套房類似，在雅房房間內裝設分電錶，按使用度數計算，看一度收取多少錢，隨租金繳納。不過這樣的計算方式無法解決水費與瓦斯費的問題，也難以計算公共區域的用電量。有些人採用這樣的作法是基於擔心租客抱怨每個室友吹冷氣的時間長短不一，直接均攤電費很不公平；有些則是受到套房作法的影響，將分電錶的概念移植到合租房，但因為無法處理上述的問題，最後改採包水費、廢掉瓦斯改為電磁爐等，其實不但多此一舉還本末倒置，徒增自己管理上的麻煩。如果租客質疑能源費均分不公

平，這時可以告訴他：「共生公寓的基本精神就是共享，沒有辦法算得那麼清楚，如果真的介意，套房或是自己租一層會比較適合您。」在能源費的計價方式斤斤計較者，本質上也不適合共居，因此在這個階段篩選掉這樣的租客不是壞事。

◆ 三、人頭計費法 ◆

按照入住人數，收取每人每月固定金額的能源費，此費用包含水、電、瓦斯的全部費用。這種方式較適用在「短租」的經營型態，因為租住時間若僅有 1 ～ 3 個月，很難依循帳單結算的時間點來進行分攤計算，很可能租客都退租了帳單才來，使用室友均攤法的效益較差，因此在短租情況，採用人頭計費的方式會比較簡單。不過這種方式帶來的弊端就是形成「吃到飽」的概念，因為不論用量多少，繳交的費用都是一樣的，容易造成租客不珍惜資源、濫用水電的情況，此外由於能源費實際上是浮動的，需要衡量平均實際成本，才能拿捏出一個租客容易接受、自己也不會虧錢的金額。

室友均攤法是我目前唯一使用的方法，讓室友自主管理，是最輕鬆的佛系管理法；電錶計價法比較合適的場景是套房，雅房

並不適用；而人頭計費法則適用於短租。

　　我在我第一套的共生公寓裡，採用的其實是電錶計價法，當時擔心室友均攤法會被租客抱怨不公平，例如室友 24 小時吹冷氣，但是其他室友不常吹。為了公平，我就額外花了幾萬元實驗看看用分電錶來計算房間內的使用度數，問題來了，公共區域的電又怎麼算？我又想，那就每人交 500 元做公共區的電費吧。過了幾個月，收到電費帳單竟然是 6,000 多元，當時是冬天，我傻眼，怎麼回事？找了水電師傅來檢查，發現耗電量主要來自熱水器，當時我使用的是一台 150 公升的蓄熱式熱水器供整個公寓一起使用，只要水溫降低，它就會重新燒水，全年無休的情況下，每兩個月一期的電費都是 5,000 元以上，熱水器屬於公共區的設備，不能計入任何房間的電費裡，只能靠 4 位租客每人 500 元的公共電費在支應，而房間裡除了冷氣以外根本沒有耗電的設備，房子陰涼，租客就算在夏天也不常開冷氣，所以即使公共電費每月 2,000 元加上電錶一度 4 元的收法，我還是常常在倒貼電費，偶爾勉強打平，我發現整件事到最後，反而對我才是最不公平的，而且，每個月還要向他們要電錶度數，拍給我看，再計算應該付多少，完全是吃力不討好的事情。一年後我實在受不了，新的一年，我把分電錶制度直接廢除，改採室友均攤法，我再也不用看

不買房當房東

帳單、抄電錶了，反正帳單來了你們派代表自己算怎麼分、自己去付，沒付就是你們被斷電，我無所謂。

回想當初的設計思考，完全沒有讓任何人的生活變得更輕鬆，除了我覺得煩，他們每個月要抄電錶給我、還被我逼得整天把熱水器開開關關就為了省電，也很煩。改成了均攤法，租客反而自動自發地節約用電，如果有人忘了關熱水器還會被室友抱怨浪費電，也不再需要質疑為什麼一度電要收 4 塊，自己付帳單，每個人都一夜長大，不再依賴別人幫他做決定。

分電錶雖然被廢除了，但證明了分電錶模式在共生公寓行不通，我從此確定了均攤法才是最有效率的管理方法。

雖然共生公寓的基本精神是共享，我還是處理過比較極端的情況，有一間公寓平日夏天的電費大約都落在 2 ～ 3 千之間，忽然有一天暴增變成 9 千多元，大家都嚇壞了，以為是電錶出了問題，於是找了電工來檢查，電錶沒問題、台電也表示計費無異常，那到底是什麼原因造成電費爆增呢？原來是有一位室友偷偷養了兔子，他怕兔子熱，就把他房間的冷氣 24 小時開放，白天大家都去上班的時候，他還會把房間的門打開讓兔子到處玩，因為客廳沒有冷氣，他只好把房門打開，把房間的冷氣開到最強往客廳送。室友知情後當然很不高興，偷養寵物已經違反了生活公約，

還莫名其妙讓大家負擔這麼高額的電費，這時如果還要求平均分攤，顯然是不公平的，於是我們介入協調，建議養兔室友應該負擔1/2的費用，其他人再均分剩下的1/2，畢竟如果不是因為他的緣故，平日的電費是不會超出3千元的。那位養兔的室友也自知理虧，接受了這樣的協議，事件也就和平落幕，至於違反禁寵條款，由於他的租期只剩不到3個月，我們則是採取到期不續約的方式處理。

共生公寓能源費的「室友均攤法」已經是最輕鬆的租房管理模式，但如果你可以在每個公寓裡再安排一位「小幫手」來協助管理，就可以稱為真正的「佛系管理法」啦！我們可以在公寓的室友當中挑選一位聰明伶俐配合度又高的租客，給予每個月300～500元的租金減免優惠，請他來協助計算水電瓦斯費用，向室友收款後代繳，還可以協助安排室友們擔任值日生輪流打掃，來監督公寓的環境整潔。選出小幫手的前提是他已經是你精心挑選過的天使租客，你已經決定讓他住進公寓，而不是因為願意擔任小幫手才租給他；接下來再從室友中挑選稍微有些經濟壓力的，例如在租金上曾經提出過希望給予一些折扣的，這時提出這樣的租金優惠政策，會有更好的效果，對方接下任務並且認真執行的動機會比較強。公寓有了小幫手，不但你的管理更加輕鬆，

對於小幫手來說，做這些事情並不困難，卻能夠獲得租金優惠，他也覺得很開心，一舉兩得！

第6章

素人的
裝修祕笈

01

學會設計，
租金翻倍！

　　「租來的房子花錢裝修」這樣的想法在過去是很難想像的，即使到現在我已經做出了這麼多的案例，證明「設計」在租房世界裡不但提高了幸福感，同時還讓人賺到錢，仍然有很多人半信半疑，卻步不前。不知道大家有沒有看過美國的裝修實境秀像是《Extreme Makeover》、《Property Brothers》、《Flip This House》等，甚至是電玩遊戲《House Flipper》，這些節目和遊戲示範如何將破爛得像是鬼屋的房子透過設計翻修讓它活起來，從人見人吐的房子變成人見人愛，從原本一文不值變成高價搶標，雖然裡面多少有為了做節目效果的誇飾成分，不過有這麼多製作公司推出這種類型的節目和遊戲，顯示這樣的商業模式在真實市場中是非常成熟的，才會受到這麼多觀眾歡迎，也有非常多的人確實從事這樣的行業，而有更多人是深受鼓舞想一窺究竟。

「設計加值」的概念應用在房產買賣中，就是「便宜買進有改造潛力的房子，翻修後加價賣出」，如果買房可以，租房為什麼不可以？「租進有潛力改造的房子，翻修後加價租」，邏輯是一樣的，至於「屋主會收回房子」這樣的疑慮，則是你怎麼做風險控制的技術性問題，這就是為什麼我們需要學習法律，你不懂法，才會害怕它，越懂法的人，越知道如何在複雜的學問裡面找到商機，就像我在前面章節提到的，「法律只保護懂的人，不是正義或弱勢的人。」

設計就是我比別人貴，但是租客搶著要

　　一間房子的地點雖然會影響租金行情，但「屋況」才是決定最終成交價的關鍵，超讚的屋況加上超美的設計，就有機會讓成交價突破區域行情。舉例來說，台北市後山埤捷運站步行 3 分鐘的 30 年無電梯公寓，翻修前的雅房行情約在 6,000 ～ 7,000 元之間，設計翻修後，身價可以上漲為 12,000 ～ 13,000 元，相同的地點，翻修前後變成完全不同的價格帶。

　　你覺得租客都是「盤子」蠢到租這麼貴的雅房嗎？那我問你，

你為什麼要買 iPhone 不用 Nokia 3310 就好了？

　　我自己在雙北市親手設計改造的公寓，沒有整修前的雅房行情在 4,000 ～ 7,000 元，改造後成交價都落在 8,000 ～ 15,000 元，都是翻倍租出，所有的案例都可以在我的臉書品牌粉絲頁「一米好居品牌公寓」中找到。我有一位非常擅長北歐設計風格的學員，在台北市大安捷運站承租了一間位於 4 樓、沒有電梯的 4 房公寓，沒有改造之前，雅房行情大約在 8,000 ～ 9,000 元上下，改造後，雅房以 16,800 元的價格租出，其中帶衛浴的主臥房，更以完全突破行情天際線的 19,500 元租出！租客都是海歸的高收入族群，還有從法國回來從事藝術工作的頂尖人士，這些喜歡有室友又對於生活品味有極高標準的雅痞，看了快半年的房子都沒有看得上眼的，直到遇見這間以純正「斯堪地納維亞」風格設計的房子。他們的付租能力完全可以去租高級酒店式公寓，為什麼跑來比套房貴就算了還要爬樓梯跟別人共居的老公寓？你覺得呢？

　　這種不斷突破租金行情天花板的極端案例，雖然是「設計加值」的經典教案，我卻常常提醒學員切勿輕易模仿！最怕畫虎不成反類犬。因為設計不是看著別人的照片依樣畫葫蘆就有靈魂，不是看 IG 流行什麼就學著擺，更不是把空間填得滿滿的就叫佈置，魔鬼藏在細節裡，設計這檔事是差以毫釐失之千里，想要租

高價，要有真功夫，租客並不傻，出得起高價的人就是看得懂的人，你騙不了他的眼睛。

你不是室內設計師，但是你可以設計「使用的邏輯性」

我開始教課以後，有許多（不來上課的）同行開始模仿，以為擺擺家具插個花租客就會買單，畫個 LOGO 開粉專就叫品牌，他們真的搞錯重點，共居公寓的內涵是「人在這個空間裡的關係」，包括「人與人」之間的關係、也包括「人與空間」的關係，所以我們這裡在談的設計重點不是格局跟動線要怎麼規劃，也不是燈光怎麼打漂亮，而是「**思考住在這個房子裡需要什麼，什麼是空間及物品使用的邏輯性**」，拿掉無意的擺設，只提供必要的設備，適度留白讓租客創造自己的生活感。

所謂無意的擺設，不知道你有沒有看過出租房的客廳放滿了三座以上的沙發、搭配二張以上的古董茶几，看起來很怕租客屁股不夠坐；或是明明沒有要給我電視卻不讓我丟掉那個巨大的電視櫃；還有睡覺要先玩跳高因為彈簧床疊了好幾層都不可以丟。

我相信這些場景對於曾經租房的你一定都不陌生吧！現在換你當房東，曾經那些你不想要的東西，你的租客也不會想要的，思考哪些家具和家電才是租客需要的，勇敢丟掉那些不知所云的「裝飾品」吧！

另一個我常拿出來討論的教案是「衣櫃」。年輕時我也住過套房，當時我心裡就在想：「這種小小一個 80 公分寬的兩門衣櫃，打開就是空空的連抽屜也沒有，到底怎麼放衣服啊，難用死了！」後來我為自己改造的公寓，拋棄了有門的衣櫃，使用開放式的吊衣架，加上六抽的斗櫃，不但收納容量是好幾倍，而且分類整齊一目了然，斗櫃檯面還可以變成多功能的置物平台。我在很早期的作品就推出這種開放式收納空間的設計，當時沒有房東敢這麼做，還有很多房東笑我：「沒有門還叫衣櫃哦！笑死人！拿來積灰塵而已啦！」現在倒是有很多租客跟我說：「這也太好用了吧！回不去了！真要說缺點，就是為了要填滿它只好去買更多衣服啊！」（笑）。

過去我們對於「出租房設計」的想像都太過狹隘，或者說是根本沒有設計可言，只是把家具東拼西湊，可是生活並不是東拼西湊起來的，生活是一個全面的感知體驗，租房生活如果不能像家，哪裡才是家？租客花錢買你的空間與時間，你卻給他家具大

賣場，那路邊攤價錢當然也是剛好而已！我們不是在販賣家具，我們賣的是生活感，一份溫暖的、經過設計思考的生活感，這才是租客付比別人高的租金買單的理由。

衣櫃形式可以有不同的想像

02

30萬搞定 全室裝修

　　共居公寓的內涵是「人在這個空間裡的關係」，包括人與人之間的關係、也包括人與空間的關係，所以讓租客心甘情願付高租金買單的理由是「生活感」，不是空洞的家具拼湊，也不是需要高級如豪宅的裝潢。而生活感由兩種設計意涵組成，「使用邏輯的設計」以及通俗認知的「室內裝修設計」，兩者相輔相成。

　　前面的章節已經說明了使用邏輯的設計，接下來談室內裝修的設計。

　　「老公寓翻修是動輒百萬的事，怎麼可能 30 萬就做得到？」這是我最常聽到的質疑。的確在傳統印象中，如果找設計或裝修公司來翻修房子，報價都是動不動百萬起跳，大部分的設計公司，也不願意承接 100 萬元以下的小案子，而在百萬的預算當中，約有三成的費用是用來付給設計與監工的「勞務費」。所以想要用

三分之一的預算就做到 100 萬的視覺效果，要有「親力親為」的心理準備，才能省下委託他人執行的人力成本。而對於裝修知識掌握越多、對於建材及工法越了解，就越能知道如何善用低成本的替代材質來創造相同的視覺效果，並且合理安排工種施工順序，節省時間又不會重複工浪費錢，知識的落差就是財富的落差，掌握越多裝修知識，越能控制成本，也就創造了越多的價差。

當然，對於一個完全沒有經過室內設計訓練的素人，忽然要自己設計房子，難免覺得無所適從，室內設計本身有一定的專業性，也需要經驗的積累，不過還是有方法可以讓裝修變得簡單，只要願意花時間和耐性，即使完全不懂設計，也可以完成！

我們執行低預算改造房子，有二個非常重要的原則：**不動格局、善用軟裝佈置**，也就是採用「輕裝修」工法：

◆ 一、不動格局 ◆

在「老房挑出黃金屋」篇已經教會大家物件篩選的標準，所以你應該知道，我們的共居公寓使用的是「家庭式公寓」的格局，它之所以適合，就是因為他本身的格局符合共居族群對「家」的想像，既然公寓本身的格局就已經滿足家的想像，我們又為什麼

需要大動干戈地再去變更它的結構與格局呢？要盡可能地保留原始樣貌才是。

　　況且，不只是「增建」需要錢，「拆除」也是需要錢的，已經建好的隔間牆，如果要拆除再重建，勢必會造成費用的大幅提升，還會面臨結構安全和裝修法規的問題，所以輕裝修的第一個原則，就是「不要去改變格局」，也不要更動浴廁及廚房的位置，掌握這個原則，就能先省下幾十萬的費用。

　　如果「不動格局」，5 層樓以下的集合式公寓是不需要申請「室內裝修許可」的，除非你要「新增廁所或浴室」、或是「新增兩間以上的居室」，這兩條其實是針對老公寓被拿來改套房的「隔套條款」，只有產權為同一人或透天厝的不用管隔套條款。

　　6 層樓以上的集合式公寓就一定要申請室內裝修許可，也就是說如果要拿電梯大樓、華廈來做，不管你在幾樓，只要有符合裝修定義的行為，例如增加房間，哪怕只有增加一間，都必須申請室內裝修許可，會增加至少 6 萬的費用，如果有管委會就更麻煩了，還會被要求按日支付清潔費、裝潢保證金、梯廳需要鋪設保護措施等等，整體的裝修成本會比 5 樓以下公寓多出 10 萬，記得要將這些成本也評估進去。不過裝修許可只有在雙北市實施的比較嚴格，其他地區多半是等檢舉再補申請就可以了，台北市

不買房當房東

是被檢舉就會開罰，罰鍰是 6 萬～ 30 萬，新北市寬鬆一點，第一次會稍微通融。

如果要新增隔間，請使用「輕隔間」，也不要考慮使用水泥磚牆，因為凡是涉及水泥，不但工期會拉很長，現場環境也會泥濘髒亂。輕隔間有兩種作法，一是請木工用木材角料來搭骨架，二是請專門的輕隔間廠商用 C 型鋼來搭骨架，不論何種都可以在中間放置隔音棉，兩側再用矽酸鈣板或石膏板封板。輕隔間工法安靜快速，不到一天就能做完，未來如果要拆除也簡單方便，至於大家擔心的「隔音問題」，其實是一種迷思，你知道 KTV 都是用輕隔間嗎？難道 KTV 不在乎隔音嗎？隔音效果的關鍵是「板材」還有「裡面塞的東西」，我們在出租房使用單層 9mm 矽酸鈣板（兩側各一層），中間塞 24K 玻璃棉或 60K 岩棉，沒有被租客抱怨過隔音問題。而以上建材也都具有防火、隔音、耐熱的效果，現在新建住宅大樓的隔間牆幾乎都已改用輕隔間取代磚牆了，不要再有「水泥隔間」比較好的迷思。

而軟裝佈置的油漆、壁紙、窗簾、貼地板、木地板、放家具、換燈具等，本來就「不屬於裝修行為」，就更不需要申請裝修許可了。

	法規	法源依據
裝修的定義	本辦法所稱室內裝修，指除壁紙、壁布、窗簾、家具、活動隔屏、地氈等黏貼及擺設外之下列行為： 一、固著於建築物構造體之天花板裝修。 二、內部牆面裝修。 三、高度超過地板面以上一點二公尺固定之隔屏或兼作櫥櫃使用之隔屏裝修。 四、分間牆變更。	《建築物室內裝修管理辦法》第3條
什麼情況要申請裝修許可	建築物室內裝修應遵守左列規定： 一、供公眾使用建築物之室內裝修應申請審查許可，非供公眾使用建築物，經內政部認有必要時，亦同。但中央主管機關得授權建築師公會或其他相關專業技術團體審查。	《建築法》第77條之2第1項
什麼情況需要申請裝修許可（隔套條款）	依據建築法第77條之2第1項第1款規定，指定非供公眾使用建築物之集合住宅及辦公廳，除建築物之地面層至最上層均屬同一權利主體所有者以外，其任一戶有下列情形之一者，應申請建築物室內裝修審查許可： 一、增設廁所或浴室 二、增設2間以上之居室造成分間牆之變更	內政部營建署 96.02.26 台內營字第 0960800834 號函
備註	一、公眾使用的建築物是指6層樓以上的集合住宅、辦公室、或是公共場所。 二、非公眾使用的建築物就是公眾以外的，也就是5層樓以下的集合式公寓 三、集合式公寓的意思是3戶以上人家	《建築法》第5條

◆ 哪些你不該拆 ◆

　　凡遇「水泥磚牆」你不應該拆。如果你不懂結構技術，水泥磚牆的拆除就應該要經過結構技師的確認，有些師傅大主大意地跟你說：「可以拆啦！免驚！」我想這種風險你是承擔不起的；水泥牆拆除要動用重器械工具，拆除的過程會讓整棟樓的鄰居以為鬧地震，可怕的噪音一定會驚動鄰居來敲門「關心」，就算是公寓不用申請裝修許可，鄰居也一定會是你最強大的施工阻力。如果是木板隔間、輕鋼架隔間，不涉及結構上的承重問題，拆除也相對容易，不靠電動器械就能手動完成，也不會有震動的噪音，才是可以考慮拆除的。

　　凡遇「水路經過」你也不該拆。浴室、廚房這些有水管經過的地方，不要輕易拆牆拆地板，因為遇水就要做防水，又常常是貼磁磚，拆牆就要拆磁磚，拆完你還要重新貼，水路配管也很貴，如果是為了換水管，用「明管」的方式會簡單很多，不需要挖了又補。有時候我們被迫需要拆浴缸，老公寓很容易出現老舊破損或單純只是顏色很恐怖的浴缸，拆除要很小心不能破壞到防水層，不然真的是「會花」（閩南語熄火，前功盡棄之意），弄不好樓下還會上來大罵：「你漏水到我家了！」

老公寓真的沒事不要亂拆東西，除非你今天是買來自住要花大錢砍掉重練。有些學員覺得輕鋼架天花板、架高地板、牆壁封板很礙眼，愉快地全部拆光光，然後發現天花板的角落怎麼發霉這麼厲害，牆壁怎麼濕濕的，要死了原來是為了要遮蔽滲水問題才這麼做的，現在歹誌大條了，要花更多錢來做防水，或是重新封回去。

有一位同學就這麼做了，他不只拆天花板、拆木板隔間、拆牆壁，還拆光所有的木作櫃體，拆完整間房子原形畢露，不但到處發霉滲水，連牆壁和地板磁磚都「澎供」得歪七扭八，原先預算只有 30 萬，現在沒有個 6、70 萬是無法修復了，還好他懂知難而退，果斷止損出場，最壞就是損失兩個月押金。

◆ 二、善用軟裝佈置 ◆

所謂的軟裝，就是在硬體工程完成後幫房子「化妝」的工作，包括油漆、地板、壁紙、窗簾、燈具、家具及佈置品的陳列，這些工作的成果決定一間房子最後呈現的美感，而且相較於硬體工程的成本，費用比較彈性可控。

儘管不懂設計，如果能自己畫出簡單的圖面，不但能提高

和師傅的溝通效率，還能減少出錯機會，我非常推薦大家學習 Sweet Home 3D 或是 Sketchup 繪圖軟體，前者適合完全沒有經驗的初學者快速上手，只要摸索半天的時間就能畫出一張簡單明瞭的平面與 3D 圖，免費的版本功能就已經夠用；後者可以表現更精緻的細節，如果對於室內設計有興趣，也可以進一步學習。

由於我們採用輕裝修作法，硬體工程含量不高，因此對於設計圖的細節要求也不高，主要用於「確認家具擺放方式及尺寸」，這是自己繪圖最重要的意義，因為空間大小用目測太主觀，如果沒有事先畫圖，很可能出現家具進場之後才發現床太大、沙發就是差了 1 公分擺不進去的窘況，預先畫圖就能夠避免這樣的情況發生。

◆ 要在 30 萬以內完成，屋況條件有前提 ◆

在決定要拿下房子之前，事前對屋況的評估是非常重要的，要將翻修預算控制在 30 萬內，就不能拿沒有隔間的開放式格局、大面積滲漏水、窗戶嚴重破損、沒有浴廁、像是廢墟一般的房子，如果涉及到大量隔間、漏水修補、鋁窗更新、或是新建浴廁，預算很容易就超過 30 萬，這是在簽約之前就需要謹慎評估的。

在 30 萬的預算當中，我們需要分配花費的輕重緩急，以下是通常情況之下我的各項花費配比，如果每一個項目都要花到頂，那很容易會破 30 萬，所以需要依物件條件選擇哪些必花、哪些可以省一些，例如電路系統是必須改的，又必須花到 10 萬，而冷氣屋主又沒有配，必須花 5 ～ 7 萬裝冷氣，這時成本就已經超過了預算的一半，剩下的每一個項目就必須再三斟酌去做整體成本控制，像是家具家電就不能用太高級的、油漆可能要自己 DIY、廚房還要不要花錢換系統櫃等等。

項目	預算（不包含鋁窗、滲漏水修繕）
電路系統更新	5 ～ 10 萬
冷氣	5 ～ 7 萬
家具與家電	8 ～ 12 萬
油漆（全室重新粉刷）	2 ～ 4 萬
廚房	2 ～ 3 萬
浴廁	2 ～ 3 萬
地板	1.5 ～ 2 萬
燈具	1 ～ 1.2 萬
佈置品	1 ～ 1.5 萬

輕裝修改造並不是一定要找到專業人士或是花大錢才能做，最重要的是巧思，有時只要改變顏色就能讓空間氛圍產生巨大的變化。我曾分享過一間和室改造的案例，原先暗沈沒有生氣已經變成儲藏室的經典和室，我只是把顏色全部漆白、換了燈具、重新貼了地板，空間瞬間從日式和風變成法式現代風，而油紙拉門被我改造成透明的法式鐵件風，整個改造成本只有 15,700 元，很多人以為我少打了一個零。

和室改造前

和室改造後

用顏色改變氛圍並提高明亮度

讓光線穿透拉門,客廳也獲得採光

不喜歡又不想拆或不能拆的櫃子、木頭家具，也可以簡單用 DIY 刷漆的方式改變風格，很多時候我們覺得很醜的東西，其實只是顏色的問題，換個顏色、改個小零件就會很不一樣，這些案例的詳細分享，都可以在我的臉書粉絲頁「TODY 的不買房包租術」中找到。

櫃體改造前

刷漆並加上小把手後

巧思之外，動手能力也很重要，不只是因為省錢，而是局部刷個漆、門片修理、打個洞釘層板、拉門改造、換個插座等，這些小工程很難找到願意做的師傅，不過 DIY 其實並不一定都很困難，過程也會充滿樂趣，一起來挑戰看看吧！

03

這些錢可以省！簡單 DIY

　　輕裝修工法不需要很專業的裝修或設計知識，靠的是巧思還有動手的能力，事實上也很難找到室內設計師願意幫你「設計輕裝修」，室內設計師所受的訓練比較偏向硬體工程，軟裝佈置並不是他們的服務核心，在輕裝修的硬體工程涵蓋量比較少的情況下，就不符合他們的服務內容。但是現在大家對於軟裝設計的需求原來越強，也因此有「軟裝設計師」的出現，有些稱為「風格師」，來補足客戶在軟體方面的需求。室內裝修的硬體和軟體在國外是有很明確的分工的，室內設計師負責空間的格局與動線規劃、建材選用、燈光與色彩計畫、繪製施工圖，軟裝設計師則負責為空間「化妝」，包含家具家飾的採購與佈置建議、特殊燈具的挑選、窗簾和地毯的搭配等，簡單來說，室內設計師負責「不能移動的東西」，軟裝設計師處理「可以移動的東西」。

在 30 萬的預算壓力下，我們事實上是請不起室內設計師的，前面提到過，設計與監工費就要佔去總裝修預算的三成，而工程報價中也會含有他們希望爭取的額外利潤，所以如果你的預算只有 30 萬，勞務費就先佔去 10 萬，剩下只有 20 萬的工程報價，是沒有設計或裝修公司願意承接的。

這樣的情況下，我們只能自己擔任室內設計師的角色，也就是自己設計、自己發包、自己監工，所幸我們要施作的硬體項目其實並不多，也不需要複雜的結構或立面設計，所以不會有大家想像的困難，比較需要的是耐性和時間。設計的部分可以透過室內設計繪圖軟體像是 Sweet Home 3D 來簡單畫出平面與 3D 圖，發包的部分則需要先了解想要施作的項目應該找哪一個工種的師傅來做，拆除、木工、水電、泥作、鐵工、鋁門窗、系統櫥櫃、貼地板等等，再分別找 2 ～ 3 位師傅來比價，就能大概知道成本落在哪裡。裝修新手我建議可以先從市面上教大家怎麼裝潢的入門書開始，先做一些功課，可以少走冤枉路。

現在你的硬體工程做完了，該修的漏水修好了、該換的電線換好了、該做的隔間牆做好了，也就是室內設計師的工作已經完成了，接下來就是軟裝設計師的工作，手上 30 萬的預算也只剩下 10 萬左右了，該怎麼展開呢？

如果你平常就對於美學很有想法，喜歡自己動手佈置，那你可能很適合自己擔任風格師，自己做色彩搭配、家具採購、飾品擺設，這樣當然也是最省錢的辦法。但如果你對自己的美感沒有什麼信心，還是希望外包請專業人士來幫你，是可以考慮委請軟裝設計師來做規劃，軟裝設計師的設計費大部分依坪數計價，例如 10 坪以內一個價、20 ～ 30 坪一個價，也有完全按照一坪多少錢來計費，採購的物品則是實報實銷，有些厲害的軟裝設計師的設計費是不亞於室內設計師的，這就要自己拿捏了。

下面我推薦幾個做法，是最能發揮「小成本創造大驚喜」效果的，從「天」、「地」、「壁」三個面向來舉例，這幾個真的不用找任何人來幫你設計啦！

◆ 一、天花板善用軌道燈 ◆

「天」是指天花板，現在室內設計風格的「簡約風」或者「工業風」已經逐漸受到歡迎，這對於「省錢」來說是天大的好消息，因為請木工製作天花板很貴，如果原先房子的天花板是裸的，就可以不用再額外花錢請人來做天花板。

不做造型天花板的情況下，用「軌道燈」來做燈光設計是最

符合經濟效益的。軌道燈不僅成本低，又能夠根據現場環境隨時增加或減少照明，一個空間裡，只要拉一條軌道，便可以 360 度調整區域的照明亮度及投射角度，是 CP 值最高的一種照明燈具，有了這些基礎照明，再搭配局部特殊燈具例如：餐桌上方選用吊燈、客廳中央搭配造型吸頂燈、臥室角落輔助落地燈，就可以營造出全室溫馨的空間氛圍了。

軌道燈安裝簡便又能創造氛圍，局部可再搭配落地燈或吊燈

在居住的空間裡，我們要儘量使用黃光或自然光，才能創造溫暖、柔和、令人放鬆的氣氛，白光會帶給人冰冷的感覺，只有在廚房、陽台等對於亮度比較要求還需要看清楚顏色的地方會使用白光。大家有沒有發現，「醫院」一定使用白光，因為黃光會影響對血色的判斷，所以在這樣的場所才必須使用白光，你希望家裡像是醫院的氣氛嗎？

我非常推薦到 IKEA 的樣品間走走，除了他們本身的佈置設計就是很好的教材，也可以學習燈光搭配，樣品間示範的不只是投射燈，還搭配了不同功能的吊燈、壁燈、落地燈，這部分可以在軌道燈先做完基礎照明之後，作為額外營造氛圍用的加分項。

◆ 二、塑膠地板 CP 值超高 ◆

「地」指的是地板，現在的建材科技日新月異，仿木質地板也有非常多樣的選擇，而且擬真程度已經和實木地板難以分辨，在各種材料之中，CP 值最高的是「塑膠地板」。塑膠地板又以不同的厚度、耐磨、耐刮程度來反應價格，每坪連工帶料的價格從 800 ～ 5,000 元不等，厚度在 8mm 以上則稱為「超耐磨地板」。一般來說我們在出租房會選用 2mm 的木紋塑膠地板，在

總裝修成本當中只佔約 5% 的比例，卻會讓整個空間煥然一新，瞬間質感大升級，是我極力推薦的低成本建材，不過我並不推薦自己 DIY 貼地板，因為貼地板是個技術活，沒有經驗的情況會貼得很醜，還是建議交給專業的來。

我們在拿到老公寓的時候，原始的地板狀況通常分為三種：「磨石子地」、「磁磚地」、「實木地」。磨石子地是在 30 年前非常流行的一種拋光石頭地板，現在看來充滿懷舊風格，許多台南的民宿都保留這樣的特色來做風格設計，而且也非常好打理，不過對於現在 20 ～ 38 歲的主流租客來說，會認為給人的感覺太冰冷，而且很像沒有裝修過，所以算是比較冷門的一種口味，市場接受度較低，會很挑租客。

磁磚地板則千奇百怪，什麼花紋顏色都有，還會經常看到不同時期的補丁，我會先看磁磚本身的狀況是否良好，有沒有澎供翹起的情況，如果功能性沒有問題，再看顏色是不是好搭配的，因為地板在空間裡佔掉整體視覺的 1/3，地板顏色也是軟裝設計的一環，如果是顏色強烈的翡翠綠、寶石紅之類的，風格設計上會很難駕馭。所以我只有一種情況會考慮保留，就是「純白色」的地磚，搭配大面積的地毯，還是可以做出不錯的效果，這是在預算真的很有限的情況下，因為無論如何效果都不如塑膠地板，

租客還是比較青睞木紋塑膠地板。至於新大樓常見的那種大理石拋光地磚，則不在此限，那種地板給人的感覺就是「很新」，租客喜歡都來不及，就不需要考慮再貼什麼東西，老公寓見不到這種地板就是了；實木地板是比我們貼的 2mm 塑膠地板高級很多的建材，代表屋主曾經重新裝潢過，屋況一定不差，如果地板沒有太嚴重的破損狀況，可以直接沿用。

決定要貼塑膠地板之後，開始選擇顏色和花紋，這裡我強烈建議不要挑選表面有凹凸紋路的，會卡垢，非常難清理，盡量選擇表面光滑細緻的。務必請廠商提供「小樣」，他們會把地板樣式切成一小片一小片，貼在一本型錄上，親眼看顏色、摸觸感，不要只憑照片，會有色差，觸感也看不出來。

需要注意，貼地板使用的是一種黏性很強的「感壓膠」，而且要先在原先磁磚接縫處批土填平，所以很難恢復原狀。如果屋主要求將來返還房屋的時候地板要恢復原狀，可以使用一種橡膠薄墊稱為「底料」，先鋪設在磁磚地面，師傅會用膠帶拼貼固定，再貼塑膠地板，將來可以直接整片撕掉，不會傷到磁磚地板，要交代廠商以後地板是要恢復的，提醒他們鋪設底料。

仿木紋塑膠地板低成本又讓空間質感大提升

◆ 三、拿起刷子就漆 ◆

　　一般來說只有浴廁或廚房這些對防水要求較高的區域需要貼磁磚，所以在客廳、臥室的牆面處理不是貼壁紙就是刷油漆，「刷漆」的成本通常比壁紙低，而且施作簡單，自己就可以 DIY，還可以任意隨心情變換顏色，甚至是做圖案的變化，不必擔心出錯；壁紙自己施作難度較高，在台灣普遍濕度高的環境下，時間久了也比較容易出現翹起、脫落現象，因此我推薦盡量以刷漆的方式來創造風格。

　　室內所使用的漆，主要是水泥漆和乳膠漆，用在家具上的話還可以選擇木器漆或瓷漆（也有稱磁漆），以上都是環保的水性漆，所以不會有油漆的刺鼻氣味，只要用 1/10 比例左右的水來混合就可以直接使用了，水泥漆最便宜，乳膠漆次之，瓷漆最貴。如果是全室需要重新粉刷，這時候可以選擇最便宜的水泥漆，乳膠漆我會用在局部要做特殊色彩的地方，我們叫做「跳色」，也就是在全室都是白色的基礎上，有其中某幾面牆是不一樣的顏色，因為乳膠漆的顏色種類比水泥漆多，而且顏色比較飽和，現在大家很喜歡的「莫蘭迪色」，也就是彩度比較低、氣質比較優雅的顏色，乳膠漆能夠提供比較全面的顏色選擇。家具上頭其實

不買房當房東

也是可以直接用水泥漆或乳膠漆刷的，只是要先用「界面漆」做底漆來增加附著力，不然大概需要刷上 4 次才能完全均勻。在家具上使用水泥漆或乳膠漆容易掉漆，會需要再上保護漆，所以後來又推出了「瓷漆」，添加了保護的效果，直接就形成硬度比較強的表面，不會一摳就掉。

刷漆時在不希望沾染的物品邊緣處先貼好遮蔽膠帶

要挑顏色，記得找「電腦調色」的油漆行，電腦調色可以確保以後你要再補漆，跑來買一樣的顏色不會有色差，不要讓油漆師傅在現場調色！因為現在很滿意，等到這罐漆用完了，以後再補漆就只能砍掉重練全部重漆了。可以直接到油漆行請店家給你看色卡，我非常推薦使用「得利」色卡，得利的色卡是目前顏色層次最豐富種類最多的，如果你想要莫蘭迪色，我建議你直接要求使用得利色卡。不過選出了得利的色號，卻不一定要買得利的漆（比較貴），因為油漆行的電腦其實是可以調不同廠牌的顏色的，例如你可以挑了得利的色號，但要求用虹牌或是青葉的漆。

木作櫃體也能直接用刷漆方式改造，此案例用乳膠漆

在採光不佳的空間用沈穩的顏色搭配家具擺設，營造英倫酒吧的 Lounge 風格

如果你對於顏色搭配沒什麼自信，這裡我推薦一個色彩搭配建議網站：www.coolors.co，前面的 o 有兩個。裡面的 Explore 功能把顏色直接做成 5 ～ 10 種搭配的色盤，跟著搭配保證不會出錯。不過上面記載的色號是 RGB 模式，也就是供網頁使用的，並不是油漆色號，所以你還是需要拿著色卡來找出「接近」的顏色，這裡只是提供色彩搭配的建議。也要注意電腦螢幕上看到的顏色、和色卡顏色、到最後漆上牆的成色，都會有落差，我的經驗是上牆之後顏色會比預期的「淡」一些，所以建議在色卡上挑出想要的顏色後，選擇「深 1 ～ 2 個色號」的顏色，最後上牆才會比較符合期待。儘管如此偶爾還是會失準，所以第一次買的時候不要直接買大桶漆，先買最小罐的，回去直接在牆上刷起來試試看，確認對了再回去買足夠的油漆量。

　　什麼才是受租客喜歡的顏色呢？大部分租客並不喜歡太花俏的空間，五顏六色、幾何拼貼的圖案，現在已經不受歡迎了，你要不就是沈穩靜謐、要不就是清淡柔和。如果是採光很好的空間，就只需要讓光線作為主角，放大這個優點，採光好的房間根本不需要色彩，光線就是最好的顏色。而在比較陰暗的房間，就可以用色彩來讓它產生特色，可以清淡也可以沈穩，切記不要花俏。

◆ 四、買個電鑽開始練習打洞 ◆

　　二房東打洞技能必備，因為釘層架、掛窗簾、組組小家具，都是很普遍的日常工作，這種事是很難找到師傅幫你做的，最多是利用水電師傅在現場的時候趕緊請他幫忙，交情好不額外收費，交情一般、工又比較複雜的話，還是會額外收費的，只不過比專程再請他來一趟容易多了。

　　電鑽的品牌我比較推薦日本牧田 Makita 的 18V 的無線充電式，比較輕巧，就算是女生也不覺得吃力。可以先從釘層板開始嘗試，層板在 IKEA 或特力屋都很容易買得到，鑽洞前先準備用來做標記的鉛筆、捲尺和確認水平用的水平儀，洞打壞了不要害怕，到五金店花幾十元買一罐批土來補上去就行了。學會怎麼釘層板，接下來就能自己釘窗簾架和軌道、組裝家具，以後連訂製桌子、甚至設計貓跳台都難不倒你！

　　如果以上你已經都熟練掌握，進一步還可以學習簡易木工、基礎水電維修，學木工和水電和並不是要讓自己取代師傅，而是有太多的機會你會遇到那些「師傅不願意做的事」，像是有時候我們會保留「古早味的泥作灶台」，再用木工的一些技巧重新訂製一個檯面、還有下櫃的門片；又例如我改造的和室拉門，應用

的也是基礎木工技巧。

　　當你經營的物件越來越多，也會碰到公寓的馬桶、熱水器、瓦斯爐故障等等的問題，如果我們有基礎水電維修的知識，就算不自己動手修，也能在找師傅來之前先判斷原因，也不容易被騙。尤其是在電的部分，我們不是要自己動手來換電線，這還是需要專業技術，而且危險性比較高，也不要輕易嘗試，而是當我們「懂」，就能知道問題的原因，還能知道電工有沒有好好做，用的電線粗細正不正確？接法合不合規？他是不是一個細心又負責任的好電工？另外在一些比較簡單又很難請得動師傅的情況下，例如新增一、兩個開關插座、換燈具、安裝軌道燈等，自己會的話可以省下非常驚人的費用。

　　二房東的 DIY 技能可以無限擴充，我有一些學員一直不斷在進修木工技能，我也會不定期幫學員舉辦技能小班像是一日油漆體驗課、一日電工課、一日小木匠等，針對二房東常常需要的DIY 技巧做特訓，舉辦在準備裝修的公寓裡，完全模擬真實環境，又能親自動手練習。

　　如果學會以上技能，你已經在裝修達人的路上了，但是有一些工程我卻是「非常不建議」自己做的，**像是組裝大型家具、天花板油漆、貼地板、貼壁紙**，這些工作如果你自己做過，就能深

深體會「錢能解決的事都是小事」，因為這些工作最要求「熟能生巧」，而我們不可能有機會像師傅一樣，每天重複做同一件事直到反射動作也能做得很好。大型家具之中你最不應該自己組裝的又是「衣櫃」，我曾經為了證明自己是女漢子，挑戰組衣櫃，劈哩啪啦的敲敲打打完，把攤在地上的櫃體一翻過來，不得了，中間一排釘子全部歪七扭八的插出來，有夠糗，還好現場剛好有師傅在，就又是求情又是撒嬌地拜託師傅來救我，不但差點毀了衣櫃，還閃到腰，跑去按摩的錢乖乖付給人家組裝都還有找，得不償失！下一篇，我會再詳細說明「哪些錢不能省。」

04

這些錢不能省！後患無窮

　　上一篇介紹完「哪些錢可以省」，接下來介紹哪些錢應該花錢請專業師傅來做、哪些設備在出租房是必備的，也會告訴大家哪些工作是我極力推薦外包而不要自己 DIY 的。裝修房子出租是一門投資，我們必須對成本斤斤計較，但是有些攸關人身安全、還有降低日後管理成本的投資，不能省，否則因小失大，後續可能出現不可預測的風險，想要長期經營包租事業，要記得「風險就是最大的敵人」。

◆ 一、電路系統更新 ◆

　　當我們拿到一間 30 年的舊公寓準備進場翻修，第一件事就是「請專業電工來為房子體檢電路系統」。大部分的舊公寓如果

從建成以來都沒有整修過，電線的老化會是非常大的隱患，一般來說電線使用 20 年就必須換新，加上 30 年前沒有像現代使用這麼多的 3C 及電器用品，電線的粗細還有配給的電容大小，早就不符合現代人的使用需求，所以超過 30 年沒有更換是非常危險的，容易電線走火，身為房屋管理人一定要嚴肅看待這件事。

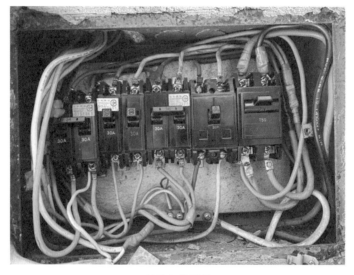

老公寓的電箱

打開電箱我們會看到有好多個黑色的開關，這些叫做「漏電斷路器」，英文 Breaker，被師傅俗稱為「普累尬」，作用是保

護我們在它個別監控的迴路中如果感應到超載負荷而溫度太高，就會自動跳掉來切斷這個迴路區的電流，以免繼續發熱而電線走火。在開關上可以看到印製著白色的數字和英文字母 A 或 T，30A 代表這個開關負責的迴路最高能負載 30 安培的電流，T50 代表最高 50 安培，A 或 T 的意思一樣都是代表安培，只是廠商不同有時標示不同。在這一整排的開關中，數字最大的那一顆，就是整間房子的總電源，所以如果我們要很簡易的初步判斷這間房子的電到底夠不夠大，只需要先看這一顆就行，照片案例中是 T50，表示這個房子所有的用電量最高負載就是 50 安培，一般來說在 4 房以下的情況是夠用的，不至於跳電，而 40A 則 3 房以內 ok，看到 30A 甚至是 20A 的，就是從建築物蓋好以後從來沒有換過，非常危險，一定要全室重新抽換電線。

如果我們去看房時打開電箱就看到最大顆只有 30A 或 20A，就要有心裡準備電路系統更新要 5 ～ 10 萬元。50A 或 40A 也不代表一定沒有問題，只能是「大概」，因為看房現場我們不可能拆開電箱來做檢查，所以是在事後請電工來體檢，也要先告知你未來預計配備的電器有哪些，才能詳細知道電線的粗細是否符合你需要的用電量安全標準、安裝方式符不符合規範、材料有沒有偷工減料等。

有時候 50A 明明怎麼算都夠用，可是還是跳電，我就有一間公寓發生了這種情況。當時我是住在裡面的，屋主本身是甲級電工，是可以承接台電大型電路系統施工的那種高級電工，這間房子的電路系統也是經由他的更新，所以我也就感到安心，沒有再找其他電工來檢查。有一天室友洗完澡在廁所用吹風機，我在後陽台使用乾衣機，忽然間就跳電了，這個時間除了我們手上使用的兩種電器，沒有打開任何其他高功率的設備，我覺得太奇怪了，乾衣機加吹風機怎麼樣也不會超過 50A。先把電器插頭拔掉，重新打開 Breaker 恢復電力，我開始逐一測試每個 Breaker 負責的插座和開關，很快就找到了跳電的原因。原來是屋主把浴室、兩個房間、加上後陽台的迴路全部接在一起，共用一顆只有 20A 的 Breaker，所以只要有人在廁所使用吹風機，或是房間有人使用高功率電器例如暖風扇，任意一種加上後陽台的乾衣機同時開啟，立刻就超過 20A 負荷而跳電。所以用整層 50A 來算是夠用的，但是會因為迴路分配的關係造成局部超載，而這位甲級電工這麼分配迴路的原因，是因為浴室、房間及後陽台的地理位置最接近，這樣全部接在一起最「省事」。

　　電線的使用年限建議是 15 ～ 20 年，所以既然重新抽換，一定要用最新的，電線年份怎麼看呢？仔細翻看電線，身上除了印

製粗細 14MM 或是 8MM，還會寫出廠年份 2020、2021，也會記載廠商，品質公認最穩定的是「太平洋電線電纜」。有次我還發現第一次配合的水電師傅用的電線是 20 年前的，是去撿人家不要的廢料來用，實在太無良了，當場就被我炒掉。

水電工的素質良莠不齊，所以我才會強調如果自己懂電工原理，看得懂師傅的手法和伎倆，就不容易被騙，也才能真的知道你的錢花到哪裡去、師傅的報價是灌水還是實在，而改電費是一分錢一分貨，有時便宜不是好事，一定要再三仔細確認師傅用的材料、接法。

◆ 二、消防設備安裝 ◆

居家的消防設備只要添購兩樣東西：「滅火器」和「住宅用火災警報器」，簡稱住警器。滅火器一個樓層只需要一支，住警器則是每個空間需要安裝一個，一間公寓的建置費用大約是 2 千元出頭，並不是太高的成本，卻可以一定程度地降低災害風險，是一項值得的投資。

住警器分為「偵煙型」和「偵熱型」，偵煙型適合放在客廳、房間等「沒有煙的地方」，因為如果放在廚房，一炒菜就有油煙，

它就會以為火燒厝大叫啦！廚房、神明廳之類平常就會產生煙霧的地方，則要用偵熱型。安裝在天花板的效果會比掛牆上好，一顆都是大約 500 ～ 600 元。

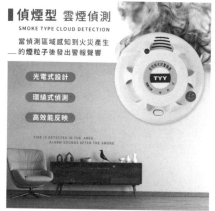

客廳、房間要用偵煙型
（圖片來源：松果購物）

廚房、神明廳要用偵熱型
（圖片來源：松果購物）

安裝消防器材是一種後置的手段，我們在一開始的裝修就要考慮安全性比較高的防火建材，雖然大多數情況我們是不需要申請裝修許可的，但是如果有新增隔間，請務必使用防火耐燃的材質，我在〈30 萬搞定全室裝修〉也曾提到，使用輕隔間工法快速又乾淨，不要考慮使用磚牆，骨架搭完後外面用 9mm 矽酸鈣

板封板，而中間塞的必須至少是 24K 玻璃棉或者 60K 岩棉，這些都是符合政府規範的耐燃一級建材。

新聞裡看到一發生火災就迅速延燒的違規套雅房，都是因為使用「傳統木板隔間」，完全沒有防火耐熱效果，還直接變成很好的柴薪，所以如果我們拿到這樣的房子，務必重新整理，不拆除的作法是在兩邊外層直接重新打骨架包起來，不過和拆除重建的費用並沒有差很多，還是建議拆除重新蓋輕隔間。

◆ 三、老舊熱水器換新 ◆

如果熱水器是瓦斯型的，要確認安裝的位置是否在開放並通風的環境，新聞時有「一氧化碳中毒」的案例，原因在於舊式的瓦斯熱水器並不一定帶有「強制排氣」的功能，如果安裝於室內不通風的地方，就有可能引發中毒。所以趕緊檢查房子的熱水器安裝位置吧！如果位於陽台，不能是封閉式的，必須有開放的空氣對流；如果沒有陽台位置可以安裝一定必須安裝在室內，就必須確保熱水器有強制排氣的功能，管線也要確實安裝到位，牽至戶外。這是在翻修房子容易被忽略的部分，有些人會因為功能正常可以使用，而忽略安裝位置的檢查，如果熱水器沒有強排功能、

又安裝於室內，務必立即換新。

在沒有天然氣的情況下，有時我們會把熱水器改成電熱式，一般來說分為「瞬熱式」和「儲熱式」，瞬熱式就是我們常常看到小小一台扁扁的安裝在浴室淋浴區附近牆上的，不必等待燒水時間，但是開啟瞬間需要的功率較大，對於電力配置會比較要求；新式的儲熱式可以加裝定時器，固定每天快洗澡前幾十分鐘才開啟，否則電力也是會非常驚人，我在〈水電瓦斯佛系管理〉也提到過我使用儲熱式熱水器的慘痛經驗，如果使用儲熱式，要每間浴室各自一台，不用大，但不要使用大型鍋爐讓一整層公寓一起使用，會非常浪費能源。

◆ 四、電器不要用二手貨 ◆

做出租管理，要能輕鬆省心的關鍵就在於「避免日後維修」的情況，因此在一開始選用的設備就要考量品質的穩定度，千萬不要只買最便宜的東西，反而增加日後的管理成本。所以如果是新添購的物品，特別是電器像是冷氣、冰箱、洗衣機、電視等，請不要考慮使用二手商品，日後的零件換新和維修機率很高，這是我的切身之痛，屢試不爽，這與二手店家服務好不好、有沒有

誠信無關，而是機器本來就有一定的壽命。對於二房東來說，我們與屋主的租期有限，也就是對於房子的經營有可預期的年限，買新的機器除了有保固，也比較能確保在經營年限內堪用，而不會花二次成本，試想，如果我們經營期限是 5 年，用了二手的電器，結果在第 3 年壞了，此時不論再換一個二手的還是新的，都是非常不划算的不是嗎？因此我的出租公寓中，除非是屋主留下來的設備會考慮沿用，若是新添購的，一律選用全新商品。

我第一間公寓的冰箱在二手電器行買的，價格是全新的 1/3，但二手電器的保固期通常只有三個月，果然「墨菲定律」*，不到一年租客就跟我反應冰箱不冷了，已經過了保固，就算維修，也很難說什麼時候又會故障，所以我只好又上網重新買了一台全新的冰箱，發現還可以刷卡無息分期，我當初到底哪根筋不對要買二手的，還花更多錢？

還有兩間公寓，因為被遊說有幾台狀況很好的二手冷氣，價格是全新的 6 成左右，又強調售後服務有問題一定馬上處理，again，墨菲定律你是躲不掉的，第二年就陸續出問題，一下是換新零件要花 3 千元、一下是重灌冷媒要多少多少、要不就是主機板壞掉根本不值得修，我的天啊，後續的維修費隱形成本事小，浪費我無數青春奔波處理事大，我這輩子一定等被雷打到才會再

---

*「墨菲定律」意指凡是可能出錯的事就一定會出錯。

用二手電器！

如果老舊電器是屋主留下來的，現況堪用我會繼續留，將來有問題維修費也是由屋主負責（除非有特別約定二房東自己處理），這種情況最常見的是冷氣，很多公寓仍然使用窗型冷氣，如果狀況已經不好，例如噪音太大、馬達運轉聲聽起來怪怪的，在簽約的時候可以提出，和屋主商量是否可以換新，費用不妨協商分攤，會比全部讓屋主出好談，如果屋主同意更換，記得，「不要讓屋主去買」，可以用「屋主補貼多少」的方式來處理，然後你自己採購。有同學滿心期待屋主幫他換新冷氣，結果沒有進一步確認要買哪一種、什麼牌子的（這個也很難開口問，屋主願意換就不錯了），沒想到收到的禮物依然是窗型冷氣一台，而且還是二手的，欲哭無淚啊。

◆ 五、三種你不應該自己 DIY 的事 ◆

最後要提到的是，哪些輕裝修工作「你不應該自己 DIY」，水電、木工這些當然本來就應該請專業師傅來處理，我指的是你自己可以做、但是你不該做的。以下這些工作「看起來簡單」，也就真的只是「看起來」，實際上非常講究手巧還有熟練度，只

有每天在重複做的師傅才能做得又快又好，而你自己做只會事倍功半。

　　其實不管我怎麼反覆強調，還是有很多新手學員不信邪要去試，第一間作品都是這樣，想要體會「DIY的樂趣」；到了第二間，我去現場看到整間塞滿 IKEA 的師傅在組裝家具，我問怎麼不自己做了，對方說：「我上次做到腰閃到還搞了 2 個多月才能開始招租，現在我覺得，能用錢解決的都是小事！」

	你不應該自己 DIY	理由
第 1 名	貼塑膠地板	拼法有訣竅，沒有天天做，收邊會慘不忍睹
第 2 名	組裝大型家具	專業組裝團隊 3 小時組好的東西，你自己組要三天三夜，沒效率又容易出錯
第 3 名	漆天花板	漆牆壁、漆家具都很簡單，但是漆天花板，手跟脖子都會廢掉，如果有大面積的天花要粉刷，就找油漆師傅全室一起處理吧！

如何找到
合適的工班

新手裝修，最擔心不知道去哪裡找到好的師傅，或者因為不了解行情而吃虧，第一次出手時，「貨比三家」是必要的，不過裝修是專業技術，我們不能又要馬兒好又要馬兒不吃草，雖然貴不一定就做得好，但是手藝好的師傅卻一定不會便宜。所以我們在比價的過程當中，除了看價格，還要打聽觀察師傅的「工夫」，至於「配合度」究竟重不重要，看完我分享與師傅相處的故事，大家再自行評判吧！

師傅小故事 1：手藝精湛
但常常神秘失蹤的木工

「我覺得你要不要上頂樓看看，草長很高了」，這真是我這

輩子聽過最詭異的開場白了。在工地現場正準備離開的我，聽到正在做事的木工師傅把我叫住，我愣了愣，想確認自己聽到了什麼，這是我們第一次碰面，他是配合很久的水電師傅直接推薦進來一起做這場案子的，所以我在這之前並沒有見過他。他接著說：「我是說很可能會漏水，你最好檢查看看，不然馬上就會影響到你這間房子。」我很驚訝一位木工會在意到漏水問題，而且到底為什麼他會跑去頂樓。開始聊天之後，才知道這是他工作的習慣，總是會幫業主留意本份以外的事情。

因為覺得他很細心，所以後來其他的案子，我也指定他來做，他的手藝就像他的個性，重視細節，還在乎美感，我還介紹他給朋友。有一天他忽然生氣地抱怨：「欸你介紹的那個朋友怎麼回事啊，找了一個白目水電，我在那邊做事他在旁邊一直走來走去，講也講不通，跟你朋友說他也聽不懂。你幫我跟他講，叫他的水電先放好線就好了啦，我再幫他出線，他這樣在現場礙手礙腳我們會打架啦！還有啊，我以後不接他的案子！」這一場的水電工不是以前經常和他配合的那一位，和他並不認識，以前那些知道他工作習慣的師傅會和他講好進場時間，前後錯開，在現場才可以各自都很迅速地完成自己的工作，但是這一次的配合是第一次，彼此默契不夠，都選擇在同一天施作大型的工程，當木工正

不買房當房東

在搭隔間的骨架，水電卻在旁邊拉電線，互相挪來挪去找工作位置，嚴重影響了效率。

　　從此我除了掌握「這位師傅工作時場地要淨空」的規矩，還知道他非常有個性，白目業主一律不理，是看在我的面子。他非常討厭工地現場有其他工種，也不喜歡解釋半天聽不懂還自以為是的業主。

　　變成了長期配合的主力師傅，有一天他卻人間蒸發了，過了三天仍然訊息未讀、電話不接，實在太奇怪了，我有點擔心，又樂觀懷疑只是電話丟了，只好先找其他師傅支援，還好平日有多養幾個備用師傅，不然真的是會開天窗。一週後他突然來電，果然是手機丟了，現在換好了，我在電話裡還聽到了那頭吵雜的鳥叫聲：「哦，那是我養的鸚鵡，還有貓頭鷹跟鴿子。」好的如此生氣勃勃至少我可以放心他還好好活著了。

　　幾個月後的某天，他又消失了，這一次是在約定好進場的日子，我卻五天都找不到他。搞丟手機不至於不能工作吧！我有點生氣工程進度被拖慢，安排好的其他工種進場時間也跟著大亂。一週後又接到了他的來電，正準備開罵，他卻有氣無力的說：「我心臟出了點問題，這幾天在開刀住院，很不好意思。」聽到這樣當然火氣全消，我問怎麼回事，他說其實他一直都有點心肌梗塞

的問題，搬鋸台上樓都會很喘，這次實在是挺不住了，醫生堅持必須馬上手術，我要他好好休息，等恢復元氣再說。

日後他還是時不時會神秘失蹤，但只要他身體狀況好的時候，還是對於我的案子非常用心，後來為了確保能把工作留給他，我對於工期的安排開始比較彈性，不再像以前一樣對於時程管控抓緊不放，如果他又突然消失，我會說服其他師傅再等一等，我還是相信他會回來，幫我把公寓裝修得堅固又美麗。

師傅小故事 2：隱形富豪 木工說：我想投資你！

我在台灣做第一間公寓的時候，因為沒有工班資源，所以花了三個月的時間把市面上所有關於裝潢的書都買了一遍來研究，然後照著書上推薦的師傅來找工班。來接洽的木工師傅已經是老闆，底下有很多位資深的木工跟著他做案子，開的車是高級休旅車。師傅人很親切有禮貌，也很有耐性不厭其煩聽我反覆跟他確認各種小細節，我也讓他知道這是要出租的房子，以免得到一個比照豪宅辦理的百萬報價。工程進行到一半，他突然問我：「你這樣做完可以賺多少錢？」我非常誠實地和他分享計算投報率的

方式，還有為什麼這麼做的理念，他聽得興致盎然。在下一次的見面時，他煞有其事地跟我說：「我覺得你這套模式很有潛力，市場很大，我們可不可以合作，我來投資你，就用工程費來抵，當作入股資金好了！你覺得怎麼樣？」我沒有想過裝修師傅竟然對於我的商業模式會有興趣到認真提出方案要投資，反應不及的我只好打哈哈地說：「哈哈好呀！那就是我不用付你錢囉！」

　　這樣的合作方式聽起來非常令人動心，我不必提前付工程款就能完成案子，等收了錢再分紅，讓我的現金壓力瞬間小了很多。不過再仔細想想，好像有哪裡不對勁？工程是他做的，報價是他給的，在一個專案裡面來說，他是廠商，我要付錢給他，廠商一旦變成了股東，不就變成「自己給自己付錢」了嗎？右手出，左手進，如果他想要在工程的部分也賺錢，那只要把報價提高就好了，而我也無法得知裡面他究竟賺了多少，他裝修先是賺了一筆，再接著賺我的分紅，不是兩手賺嗎？

　　廠商和股東這兩種角色本身有一定的矛盾衝突，除非彼此的信任已經達到股東可以 100% 用成本來透明報價，我們站在同一條船上，把該付出去的款項列為成本來做支出，接下來才能乾淨地計算盈餘，進行分紅；又如果股東自己本身就是做工的師傅，那又該怎麼計算呢？他還是要領工資，他該報多少錢？我又認為

應該值多少呢？

　　想來想去都邏輯不通，太複雜的金錢關係很容易導致失焦，連事情都做不好，所以我最後沒答應。即使沒能合作，師傅還是很盡責地幫我完成了工程，後來當我開發了其他的配合師傅，慢慢掌握了成本，回頭再看，這位師傅的價格其實是非常貴的，當然因為他的手藝好又主要承接豪宅和商業空間，但如果我當初同意與他合作，除了日後想換工班很尷尬，還可能因為工程費用太高根本賺不到錢，我慶幸自己做了正確的決定。

◆ 第一次裝修怎麼找工班？ ◆

　　如果身邊沒有親友可以介紹，可以先從其中一種工程比較大的項目，直接邀請三家來進行報價，選出「不一定是最便宜」但是「溝通過程讓你感覺順暢」的師傅，接下來要求到他正在進行中的工地、或者已經完工的作品去看看，如果對於他的施工成果還滿意，再請他幫你介紹其他工種的師傅。

　　裝修的工種大致可以分成拆除、水電、泥作、木作、鐵工、油漆、鋁門窗、廚具、系統櫃、貼地板與壁紙，每個工種都會有經常配合的師傅，而技術好的師傅也傾向與技術好的師傅合作，

所謂「近朱者赤」，所以只要找到一位好的師傅，就可以拉出其他高手。有時候跟師傅聊天，他們也會談到哪個師傅做工比較細、哪個師傅比較好溝通，做得不好的師傅，他們其實也不希望繼續配合，因此如果確定接下你的案子，他就不會胡亂介紹技術差的師傅來一起做，否則就是在給自己找麻煩。

但也偶有例外狀況，我曾請一位很厲害的木工師傅介紹油漆工，那位師傅在與我交談的整個過程中都在眼神飄移，因為那時正值炎炎夏日，我穿了一件比較低胸的背心，他的分心讓我感到非常地不舒服。所以後來他說了些什麼我也沒在聽，只想趕快把他轟出去，我根本不在乎這樣的師傅手藝多精湛。

去對方的施工現場怎麼看好壞呢？如果已完工，就看「施工的細膩程度」；如果未完工，還要看「現場環境是否整潔」。假設是木工，細看他貼皮的收邊是否完整平滑、有沒有缺角或翹起、看板材與板材之間接合是否流暢沒有空隙；如果是泥作，看貼磚是否平整、接縫是否有對齊、疊磚是否保持垂直面的平整等，這些都是判斷技術好壞的關鍵。而看施工現場是否整潔，或是剛做好的板材表面有沒有破損凹陷，則是觀察師傅做事的態度與細心程度，環境髒亂餘料沒有隨手整理、到處都是煙蒂、大手大腳造成材料破損，代表師傅行事粗糙，通常技術也不會太精湛。

師傅小故事 3：
住在豪宅裡的油漆工

　　為了尋找油漆工，我上網找了一家看起來評價不錯的油漆行，藉著買油漆的名義詢問是否可以介紹不錯的油漆師傅，沒想到這間店的老闆本身就承接案子，很快就到現場進行估價。

　　30 坪的老公寓，很有經驗的老闆一看到屋況和房子大小就直接開口報了價，將近 9 萬元。我嚇傻了，怎麼會這麼貴？難道沒有降低成本的方法嗎？進一步聊，和老闆溝通說我這是要出租給別人的房子，所以不用弄得像豪宅講究完美無瑕，老闆一聽，忽然改口：「喔！早說嘛！這樣就把比較明顯的凹洞補一補就好，大概也不用打磨，然後底漆上一次、面漆看是一次還是二次，如果深色可能要比較多次，淺色應該一次就可以了，這樣的話只要 4 萬 5。」哇噻！報價瞬間砍半。

　　開始施工，當天是夫妻一起出現，另外再帶著兩名學徒，一共 4 個人在現場工作，因為是整間房子都需要處理，4 人整整工作了 3 天才完工。如果分析報價 4 萬 5 裡面的成本，油漆的材料費其實不到 5 千元，也就是 4 個人 3 天的工資是 4 萬元，一個人一天的工資是 3 千多，算是一個中上等級有經驗的師傅的價錢。

案子完成後，有一天我聯絡老闆要跟他拿收據，他說他不在店裡，給了我另一個地址，要我到那裡去跟他拿。我依約前往，卻發現這個地址和一坪要價 100 多萬的知名豪宅地址重疊，我認為他是住在旁邊的巷子裡只是約這裡比較好找。到了地址打電話給他，他卻要我直接走進豪宅大廳，找櫃檯的管理員，我還是不可置信地認為他是不是委託別人來把東西交給我。管理員一看到我，就叫出了我的姓，接著按起桌機：「陳先生您好，客人已經到囉。」我呆坐在大廳的豪華沙發裡，思考發生了什麼事。幾分鐘後，下來了一位年輕人，拿出了信封給我，對我說：「不好意思我爸剛好有事出去，他交代我要親自把東西交給你。」走出大廳，我忍不住抬頭看著這棟大樓，開始懷疑人生，原來整天在工地裡全身髒兮兮的油漆師傅可以賺這麼多錢，我肅然起敬，千萬不能再小看這些「做工的人」。

師傅小故事 4：
樂善好施的拆除工

　　一位長期配合的拆除師傅總是帶著兩個年紀輕又做事落漆的徒弟一起工作，除了做拆除也接大小雜工，每當由徒弟接手工作，

我總是覺得不耐煩，師傅本人做事是俐落的，但是徒弟很不行，看在師傅人很好配合度又很高的份上，我也就隱忍。

今天要來工地執行拆除和清運的工作，我注意到少了一個幫手：「大摳咧？他今天怎麼沒有來？」大摳是他的徒弟之一，體型高大，可以說是有點胖，體重超過 100 公斤，另一位徒弟則完全相反，個子不高，還看起來瘦弱。

「大摳喔，他還在睡覺啦！爬不起來。」我太驚訝了，老闆怎麼能縱容員工到這種程度，實在荒謬。他接著說：「他家境很不好，我剛認識他的時候更慘，每天醉生夢死，搞到最後連房租都付不起，剛好我那邊還有空房，就叫他一起過來住啦，讓他跟著我學，多少還有點生活費，我叫他減肥，也講不聽，因為心情不好就想吃，一直吃一直吃，我都快被他吃垮了。」

原來這位師傅的徒弟都是從原本偶遇合作的「鐘點工」變成徒弟的，他不僅教他們工夫，還提供食宿給他們。每次師傅帶著他們一起出現，我總是發現他對他們很寬容，不會做的事，就等師傅來，他也二話不說就接手，還一邊耳提面命。

師傅的兒子住在中部，沒有和他一起同住，他一個人隻身在台北打拼，也因此和徒弟們形同父子，對於每個徒弟的生命歷程如數家珍。知道了這些背後的故事，我發現自己再見到他們的感

受完全不同了，事情做不好，就學；還是做不好，更努力學。從此以後，當徒弟不小心打破了不該拆除的東西，我笑著說：「你慘了，今天沒有飯吃，你師傅要被我扣錢。」當徒弟又把該載走的垃圾遺留在現場，我說：「喂，我要幫你丟喔？那叫你師傅付我工錢。」徒弟尷尬地笑，我當然也沒真的扣他們錢。

如果花時間和師傅深入的交談，總是能聽到和我平行世界裡的事，我也越來越能想像他們的生活艱辛，每一個人在犯錯當下都有背後深層的原因，我也變得越來越寬容。

◆ 為什麼你叫不動師傅？ ◆

工夫好的師傅，通常案子接不完，也「很有脾氣」，會挑客戶。既然手藝精湛，就沒必要委屈自己和外行又喜歡下指導棋的客戶相處，所以即使人家推薦了一位手藝精湛的師傅給你，還是要靠你自己的表現來讓師傅願意跟你長期配合。找師傅看運氣，要長長久久卻看實力，不是師傅的實力，是你的實力。聰明的師傅喜歡一點就通的客戶，甚至能一起討論工法，讓作品更加完美，他自己也能進化；碰到愚蠢又不思上進的客戶，當然避而遠之。

我有學員三天兩頭就換師傅，總是不滿意，後來我也介紹了

自己的工班給他，沒想到師傅立刻跟我反應再也不會接他的案子，聽起來不妙，細問之下才知道，這位學員在溝通的過程當中不但沒禮貌、狂殺價，還不停比手畫腳想指導師傅該怎麼做，這對於好工夫的師傅來說，簡直是一大羞辱，當然不想接他的案子。

當師傅說：「這幾天比較忙，還有另個案子在趕工，你這邊急嗎？」你會回答下面哪一個答案呢？

A：「我很急！請你一定要想辦法排開時間，明天就進場，拜託了！」

B：「這樣啊，我是很急沒錯，那你最快可以什麼時候開始呢？」

有一次我選擇了 A 回答，師傅答應上午 11 點進場，卻一直到下午 3 點才出現，我正氣急敗壞想跟他理論，他說：「另個工地出了一點狀況，我心裡一直想著要趕快收尾就可以趕過來，結果恍神釘錯了，只好拆掉重做，那邊明天就要驗收，我必須做完，很歹勢。」師傅接下來在我的工地一直忙到晚上 11 點，又怕吵到鄰居所以趕在天黑之前把噪音比較大的工作做完，晚上做比較安靜的，而第二天一大早 8 點他又要到另個工地趕工。

施工現場其實很容易遇到各種不可預測的意外導致進度延宕，例如原計畫拆除完當天就能開始做木工，結果拆出了各種壁

癌漏水,就必須改變施工計畫甚至是改變設計,和坐在辦公室裡討論專案進度的我們不同,我們可以指責廠商做事沒效率要求必須按照時間表如期結案,但是裝修師傅沒辦法,在面對現場不可預測的狀況時,只能停下手邊的工作先去解決問題。

所以我們不能把辦公室裡對於「如期完成」的標準放在裝修任務上,也不要把「守時」的標準,過度嚴苛地對裝修師傅要求,多給一些互相體諒的時間和空間,師傅就會喜歡和你一起做事。

師傅小故事 5:「不要給你方便當隨便」的地板師傅

第一次見到這位師傅,他就熱心地抱了好幾本型錄送給我,公寓裡的房間需要貼地板,而客廳原先就有實木地板,因為拆除了電視櫃,露出了水泥的原始地面,和實木地板形成了 5mm 的高低差,而我選用的是 2mm 的塑膠地板,我問師傅能否修補?他說塑膠地板是用貼的,實木地板則是需要木工裁切,工法不一樣,我必須找木工師傅來先補 3mm 的高度,剩下 2mm 他再來貼塑膠地板。他非常有耐心地幫我比對花紋和顏色,找到與實木地板最相近的款式,等我地板修補好,他再來連同其他房間一起貼。

這間公寓是我自己的工作室，師傅和我約定上午9點會到現場施作，卻8點就聽到門鈴作響，打開門，還沒見到師傅的人影，卻先是一整個列隊穿著制服的年輕人魚貫地進到客廳，還在想怎麼回事，師傅出現了：「他們是我徒弟，今天有好幾場要做，全部一起來這樣比較快！」因為貼地板需要先在地面刷上感壓膠，現場是不能有人走動的，所以我就到實木地板區待著，打算仔細欣賞師傅的表演，看看他是不是如同人家介紹的那樣神乎其技。

　　一般來說貼塑膠地板最快要2小時才能完工，而這個房間我指定的是拼貼難度高的「魚骨拼圖」，我心想也許需要3小時。只見眾徒弟們兩側排開，並幫師傅拆開了第一箱材料，師傅一人從中間開場，屏氣凝神，定下了第一塊拼圖的中心位置，接著像摩西過海一般開出一條能讓人走進去的路，一路到房間的盡頭，師傅這時停手了。接著其中2位徒弟背對背蹲在路頭，開始啾啾啾地沿著路的兩側貼了起來，等到開了第二條路，又有2位徒弟加入，以相同的方式逐步向外擴散拼貼，直到碰到兩旁的牆壁，不能再貼進一塊完整的拼圖為止。表演節目到這裡，徒弟們忽然又迅速退場，改換師傅二度登場，這期間他還下樓去喝了一杯咖啡呢。只見他拿起拼圖對了一下已經貼好的拼圖與牆壁的縫隙，又拿了另一片來比對，接著手起刀落地將拼圖切割，先是裁切得

大一點，塞進縫裡之後看看還差多少，再一點一點仔細地修飾，直到拼圖完全適應縫隙，貼得完美無瑕，房間有個角落是半圓形的柱子，所以必須裁切弧形，依然完美無縫。稍微熟練一點的師兄在聽完師傅指導後到另一頭不需處理弧度的角落施作，其他徒弟則睜大眼睛看著師傅示範。

整個表演不到一個小時就華麗地結束了，簡直迅雷不及掩耳。收拾完垃圾，拿著濕抹布把表面溢出來的膠擦掉，師傅帥氣地說：「好了，我們要趕去別的工地了。」就和眾徒弟們又咻咻咻地離開，都沒有問我怎麼付錢呢。

這位手藝精湛的師傅，有一天卻很不高興地抱怨起我的一位學員：「我是地板師傅，不是木工師傅好嗎！房間門太低卡到地板，他也沒有先講，看在他不懂的份上啦，我好心幫他修了一下，解決了門卡住的問題，結果你知道嗎，後來有一場 4 個房間門都太低，他竟然一副理所當然的說：『喔，那你就順便修一下啊。』我告訴你，這是我最後一次接他的案子！」

「順便」是一個對師傅來說非常敏感的詞，師傅也許可以因為不太花力氣就幫你解決大麻煩而順便一下，可是如果事情並不在他的本份範圍，師傅還願意幫忙，那是佛心，或者看你可愛。這位學員也許是真的不明白為什麼貼地板師傅不能幫他修門，因

為他搞不清楚工法，就像我的地板高低差，我也詢問師傅是否可以幫忙修補，不過師傅對我天真的問題很客氣，耐心跟我解釋了不能的理由。而如果你連先詢問一下師傅的意願都沒有，只能代表你很白目，也不能怪師傅一秒鐘爆氣，而且你大概永遠不會知道師傅為什麼不再接你的案子，千萬不要「把順便當隨便」。

◆ 師傅百百種，沒有最好只有最適合 ◆

比價比不出好的師傅，好的師傅也不一定跟你合得來，只有找到與自己磁場相投又有默契的師傅，才能長久走下去。師傅有脾氣，專業需要被尊重，要讓師傅願意長期配合，自己也要不斷進修裝修知識，讓師傅覺得你懂他。與工班相處也是學習待人處世的過程，不只是對於師傅，身邊的合作夥伴、廠商，都需要平等對待的基本尊重，在職業技術的世界裡，付錢的不叫老大，能解決你問題的人才是老大，清楚自己的需求並且意識到自己的弱點，才能找到化學反應對的師傅。

第 7 章

二房東心理學

01

包租也是一種創業，
卻不是越大越好

　　從上海離職回台灣後，我一邊觀察著市場機會，一邊尋找著不受傳統就業形式束縛的謀生方法，離開了大公司，我反而更加確定自己不喜歡被綑綁在組織裡的生活方式，管理 800 名員工一點也不酷，是被 800 名員工管理著。所以我對未來的生活藍圖，以「一人公司」為目標前進。

　　儘管離開職場，舊屋改造與出租管理事實上卻需要發揮在職場時的各種技能，溝通力、快速尋找資源的能力、獨立解決問題的能力、必要的團隊合作能力、識人的能力、美學力、品牌設計力，都是在職場中所歷練，只是離開職場後將各項技能進行整合發揮，因而從事包租對我來說，也是一種「創業」的過程。

　　我認為創業的形式多元，不必拘泥於把公司做大、聘雇員工，才叫做創業，只要憑著專業技能可以不依託在任何組織形式下，

仍為自己帶來收入，就是創業，因而我們也可以稱自由接案工作者為創業家、一人公司為創業家、經營個人品牌賺取多元收入者為創業家。創業者提供創新服務或產品，並且能最快速直接地獲得市場反饋，一人創業者具備隨時適應市場變化的彈性，比大公司更貼近消費者，更快速調整作戰狀態。

我非常認同《小，是我故意的》這本書所提倡的觀念，也就是有許多的行業不一定需要追求擴張才能賺錢，甚至可以說是有意識地「控制規模才能賺錢」，有很多企業看起來規模很大，事實上卻並不賺錢，包租就是其一。我在上海把公司做到了 800 人的規模，但是公司事實上是在燒錢的，這是由於急速擴張需要資本市場的介入，資本式的創業追求快速擴張以佔領市場份額，不追求短期獲利，因而支持公司營運的資金主要來自外部的投資金主，我離開前協助公司在 D 輪的融資拿到了螞蟻金服的資金挹注，然而儘管旗下 2 萬多間房源、自營佔有 5 千多間，我們的帳上現金流依然是負的。

是不夠大沒有形成規模經濟才這樣嗎？2020 年驚爆資金鏈斷裂而倒閉的「蛋殼公寓」，旗下房源有 50 萬間，他們 2019 年在納斯達克上市的時候就已經是連年淨虧損的狀態，上市正是因為極需用錢。在更早的 2019 年之前，其實整個中國就已經有 20 多

家長租公寓因為資金鏈斷裂和經營不善倒閉，裡面每一家的公寓數量都是數萬至數十萬間，任何一家的營運規模都是台灣包租代管公司的百倍以上。

大，不等於賺錢。在市場激烈競爭的過程中，除了租客逐漸形成分眾化，企業的經營也會走向兩極化：能夠存活下來的，不是第一名的獨角獸、就是小而美的自營商，獨角獸可以壟斷主流市場，小而美可以經營分眾市場，然而在追求變大想當第一名的過程中，就會死去 99.9% 的創業公司。如果想追求第一名真正靠規模經濟活下來，第一個檻是 5 萬間，接下來是 10 萬間、20 萬間，而蛋殼即使到了 50 萬間還是失敗了，這樣的追求無處是盡頭，卻讓自己承擔著極高的失敗風險。

包租需要投入裝修資金，想要短時間快速擴張，除非自己身家豐厚手握大量現金，否則勢必要依賴資本市場，但是台灣的國內資金長期向重資產傾倒，二房東的輕資產模式不被重視，加上房地產是一個極度在地化的產業，國外資金又看不上台灣市場的份量，所以在台灣做包租，只能靠自己。這樣的情況下，就必須斤斤計較「獲利能力」，從第一間公寓開始就要賺錢，不可能「先燒錢搶市場再說」，要這麼做，就等著賠到脫褲子，任何一間不具備帶來正向現金流能力的公寓，都應該被毫不猶豫地斷尾求生。

即使有了資金，擴大規模會遇到營運管理的技術瓶頸。以前在公寓經營之初，「維修」採取的是外包按件計酬形式，因為比起自己養人，成本明顯更低；到了公寓數量 500 間的時候，委外承包的廠商已經來到了 10 間，這時候就開始想，我應該自己養人了，這樣比較划算，於是成立維修部門，自己養了師傅每天在公寓跑，同時搭配外包廠商支援；到了 2,000 間的時候，維修部門人數已經將近 10 人，這個時候，又開始發現新的管理問題：師傅虛報維修案件、虛報維修成本，於是為了管理這些師傅，我又聘請了「管理師傅」的主管；到了 3,000 間，人員的績效考核、維修品質又形成了新的挑戰，我發覺已經偏離了當初要自己養人的目的，於是又改回了外包形式。這只是其中一個部門的擴張情況，事實上打掃、客服、設計、監工、開發、管家，都是等比例進行擴張的，我們變成了一顆快被撐破的氣球，膨脹而空虛，帳面虧損卻不停往裡面打氣。無止境的擴張團隊，導致的是公司傾注太多的資源在「內控」，對於租房體驗、居住環境、服務流程，這些對我們的「客戶」來說真正有價值的事，卻被嚴重忽略，客訴率上升、管家訓練良莠不齊、裝修品質不佳導致維修次數增加，就連設計都淪為形式，照本宣科、了無新意，疲於「做內部管理」的我們，完全忘記當初為什麼要做公寓，我們想解決的問題是什

麼？我們想改變的是什麼？我們怎麼會變成追求帳面數字浮動的機器人呢？

　　所以現在的我，堅持用「小而美」的經營方式來守護初衷，不僅是確保穩健而踏實的盈利，也不讓看似華麗實則毫無意義的規模管理影響一個「品牌」該有的內涵，期許能走得更久，走得更遠。

　　二房東創業，是一種生活方式的選擇。在組織企業上班，我們無法掌握辛勤付出所換來的金錢回報一定對等，但是一人創業，直接面對消費者，市場會給你在金錢回報上最真確的反饋，用心打造居住體驗，租客就願意花錢租住，付出與收穫成正相關，這是一人創業獨有的成就感。

　　我有許多學員都和我一樣，因為這個創業形式而離開了職場，離開了職場以後的他們，反而比從前更有活力，積極學習其他各種有趣的課程，或者發掘了自己其他的天賦，開始去做以前不敢做的事情、沒想過的事情、有趣的事情，生活變得更有厚度，我想這才是「解放時間」最珍貴的價值。

成為二房東的心理準備

　　這本書看到這裡，大家應該可以理解我所提倡的包租方法，和傳統「未經屋主同意」、「直接加價轉租」的二房東是完全不一樣的，我們賺取的勞務報酬來自於我們賦予房子「新生命」的價值，也來自我們協助屋主解決他無法解決的問題，更來自我們提供租客全新的租房選擇。

　　所以要成為一個有價值的二房東，我們第一個要突破的「心魔」，不是說服別人，而是先說服自己：「我的價值在哪裡？我和以前那些二房東有什麼不同？」很多學員在成功開啟包租之路前，面對的第一個關卡不是怎麼找到物件、也不是怎麼溝通、更不是不會裝修設計，而是過不了自己心裡這一關，懷疑自己的價值，在沒有自信的情況下，無法說服屋主放心將房子交給自己、無法理直氣壯告訴租客為什麼我值得，更無法正大光明分享過程

的喜悅。

　　如果自己都沒能認同自己的價值，又怎麼說服別人呢？我們不應該害怕別人認為「我是二房東」的事實，因為事實就是「我是能創造價值的二房東，不是不勞而獲的投機者」，必須先說服自己，必須成為信仰，說起話來才能充滿自信散發光彩，才能生動有說服力。

　　許多學員在自己心態還沒有準備好的情況下，顧慮社會觀感、害怕被拒絕，所以即使沒有成功說服屋主同意轉租，還是勉強簽下房子，導致後續衍生各式各樣的糾紛，也進而摧毀了繼續走下去的信心。即使簽了很多房子，但因為始終背負著害怕被屋主知情的心理壓力，變得更難啟齒讓身邊的親友理解自己在做什麼，也不樂意分享，間接又加深了親友對所做事情的誤解，最後從外人的角度看起來，整件事情就真的變成像是社會刻板印象的那樣，即使初衷是好的，還是成為了別人眼中的「投機份子」。

　　而「充滿信仰」的學員，從第一個物件開始就坦然告知屋主未來會怎麼使用他的房子，也只有屋主完全知情並且支持的情況下，才會簽下房子。雖然不是每一個屋主都能被說服，但只要有一半的成功機率，就足以支持他繼續走下去，可以問心無愧高枕無憂地執行，而不必擔心「哪天被屋主發現會不會來找我麻煩。」

過去經驗不能移植，沒有包袱成功率更高

從開始教課至今，學員來自四面八方背景形形色色，有在房地產已經深耕多年的仲介、有室內設計師、有裝修老闆、有全職媽媽，還有各行各業的朝九晚八上班族。比例最高的上班族，由於完全沒有相關經驗，最是擔心自己在沒有資源的情況下是否還能成功開展包租事業，他們羨慕仲介、室內設計師還有裝修業者，可能擁有物件開發的經驗和資源、可能更有設計的美感、或可能裝修成本更低。

其實這幾年觀察下來的學員執行成果，完全推翻了這些想像。越有相關經驗的人，越是容易半途而廢，而持續精進堅持到實現財務自主的，幾乎都是沒有任何相關經驗的小白。

探究原因，「舊屋翻新出租」顛覆了長久以來包租業的市場規則，在這樣的產品推出之前，沒有人覺得有必要花錢在老舊的出租房上，反正破破爛爛一樣租得掉，人往往被過去經驗束縛，當過去經驗不能融入現在場景，就出現了內心的矛盾感，成為阻礙成功的絆腳石。

許多人認為「仲介」掌握大量房源資訊，開發物件一定比別

人更有資源，其實由於仲介的業務主力放在房屋「買賣」，他們手上擁有的名單是一批想賣房子的屋主，對於一個想把房子賣掉的屋主，你是很難說服他把房子出租的。而少部分願意出租的，代租或代管只是額外的服務，最終還是希望屋主要賣時能把房子委託給他。而舊屋改造出租除了與屋主溝通的成本比買賣來得高、裝修耗費的精力也高，但是回報可能不如賣出一間豪宅的佣金，所以對於一個在牛市已經賺飽飽的仲介來說，包租實在蠅頭小利，雖然在房市低迷的時候有部分仲介想轉行從事包租或者兼職，但一旦要落實到執行層面，卻往往顯得虎頭蛇尾。而如果是房仲業老闆要轉型做包租，在公司的組織型態上來說必須進行非常大的結構調整，還有大量的資金挹注，這對於傳統房產業者來說，是一個「會很痛」的劇變過程，因而可以說，組織越大，包袱越重，越無法成功轉型。

　　仲介背景的學員，或許因為過去受到的業務訓練多少幫助了他們開發物件，但是幾乎沒有能力獨自完成，又或者說是他們「不想做」、「懶得做」、「嫌太累」，都要靠團隊合作，才能將一個案子落實到設計、裝修完成，也許最多再多做個招租和管理，裝修設計這段幾乎是完全不想碰觸，就算有，也顯得漫不經心，令人覺得誠意不足。

室內設計師與裝修業者，過去所受的裝修訓練是「加法」，做得項目越多才越有利潤；而包租身分為了控制預算，需要的卻是「減法」，兩者是完全背道而馳的思維，這裡就出現了很大的矛盾，過去的經驗法則變得不再合用。例如，在建材的選擇上，自住房或豪宅會選擇堪用 20 年的材料等級，但是包租只需要 5 年的堪用時間，因為必須考慮回本時間，而到期房子會交還給屋主；以往業主花錢，只要發包給工班讓師傅動手，現在受限於預算侷促，常常需要自己動手 DIY。這些因為角色置換造成的思維衝擊，如果心態上無法順利過渡，很容易在設計的過程中出現設計太多、花費太高、成本失控，最終導致投報率不如預期而放棄。裝修業者雖然在成本上佔了先天的優勢，不過「請不起設計師」以後，作品還能不能呈現「獨立咖啡館」的特色，成為一大考驗。

不需要有經驗，是要做出自己也想住的家

每個物件，都要當成「自己也想住的房子」來看待，就會得到租客的喜愛，因為你不喜歡的房子，租客一定也不會喜歡，只有把自己當成真正會住在裡面的人，設計思考的角度才能從租客

視野出發，做出租客喜歡的房子。許多學員開發的第一個物件，都是抱持著自己要住的心態來物色，裝修完畢後也真的住在裡面的其中一個房間，先把自己的租房成本降下來，心態上和時間上也更有餘裕接著執行下一間。

有一位學員和我一樣，經常搬家，因為每做出一個新作品，就被自己的房子美到忍不住搬進去住，現在他住進了一間樓中樓的房子，樓下有三位室友，自己卻獨享了一整層的頂樓天台風光，有令人羨慕的露台，又保有不被打擾的隱私，我們還曾一群人在中秋夜跑到他的專屬露台烤肉，他跟室友的關係非常緊密，每天熱絡地分享好吃的好玩的有趣的，還常常曬出大家一起下廚晚餐的照片，室友們知道這是他親手改造的房子，也非常欣賞他能為室友細心著想的設計和美感。剛開始認識他的時候，他是一位電子公司的業務員，每天過著早8晚9沒有加班費的日子，決定要踏上包租之路後，開始了一段非常辛苦的過渡期，白天上班，晚上假日就拼命看房、往工地跑，苦不堪言，但是他靠著強大的意志力撐了過來，半年的時間就完成了第三間，這時租金現金流收入已經超過了上班的薪水，就毅然決然辭職，開始全職做包租。現在他跟了我2年多的時間，平均每年產出4～5間作品，經營的公寓數量已經達到10間，每月靠租金的現金流收入超過了20

不買房當房東

萬，他依然過著簡樸的生活，依然把每一間房子都當作自己會想住進去的房子來設計。

因為沒有經驗，因為初衷想解決的是自己的居住問題，所以能夠不帶成見地理解租客的需求，做出真正具有生活感的「家」，而不是空有裝修卻像牢籠一樣的空殼子。完全沒有經驗的小白，由於沒有過去經驗的包袱，能夠不怕苦不怕累，能夠貼心體會租客的需要，反而執行率更高，成功率也更高。所以千萬不要因為自己沒有相關經驗就退縮，我的學員中 80% 以上都是沒有相關經驗的小資上班族，而在一年內就做出 6 間以上案件的，99% 都是從零開始，只要有耐心地慢下腳步學習，人人都可以靠輕資產包租實現財務自主。

03

當包租變成你的職業

　　如果在還有正職工作的情況下開始從事包租工作，會是比較辛苦的開始，閒暇空檔要勤跑看房，到了裝修階段，下班後就要往工地跑，經常待到三更半夜，好不容易完成了裝修，接著要排開時間招租帶看，對體力是很大的考驗，不過「兼職展開包租生涯」也是大部分學員的常態。因此有些學員會選擇團隊合作，與親近的家人朋友結為夥伴，一起分攤工作、相互打氣，就能輕鬆許多；有些人則選擇單打獨鬥，靠著強大的意志力，即使一邊上班一邊執行案件，再辛苦也不停止勤奮找房，堅持這樣的生活半年以上，隨著收入逐步的增加，累積到 3 間的作品，租金收入便超過了上班的薪水，於是提出辭職，成為全職二房東。

　　所以「了解自己」是很重要的，你的口才好嗎？還是你有長輩緣？你很擅長設計嗎？還是很會 DIY 裝修？你很擅長交朋友嗎？喜歡和租客打交道嗎？知道自己適合被擺在哪一個部分的工

作，做你擅長且舒服的工作，如果你的時間有限，專長也有限，可以考慮找夥伴，跟理念相近的人合作，合作是彈性流動的狀態，不要太擔心以後不想合作了怎麼辦，但是要合作就要把誠信放第一位。

經常有人問我：「老師，一個人可以管幾間房子？」要回答這個問題，要先盤點自己的資源，如果是一人作戰、又是朝九晚六上班族，那麼手上同時有 3 間公寓經營，可能就覺得疲於奔命；如果是團體作戰，那麼即使全部人都是上班族，戰力還是可以提高 3 倍。目前有許多單打獨鬥的學長姐在全職包租的情況下，一個人管理 20 間以內都是沒有問題的，還有很多閒暇時間可以做自己喜歡的事，到處上課、休閒旅遊，不過前提是完全按照我的經營管理方法；一個人管 30 間以上的也有，不過就會比較忙，比較少時間休息。

◆ 身為二房東的職業道德 ◆

「誠信」永遠是一個人一生最重要的資產。想要長久經營包租事業，關鍵絕對不是要有錢，也不是有多努力，或者有多少的人脈或關係，「人品」才是影響一個人在行業裡能走多遠的關鍵。

所以不要任意揮霍你的信用，與人合作，答應的事情就必須做到，不見異思遷，才能維持彼此之間穩定的信任關係。誠信不只是對合作夥伴，也包括對所有的屋主、所有的租客、以及所有的工班師傅，可以說，只要在這條創業路上曾經幫助過你的人，都是人生中舉足輕重的角色。雖然我們與人合作難免有摩擦，難免因為志向不同分道揚鑣，但是彼此祝福，不相互詆毀，我常說，沒有人天生是壞人，只是我們立場不同，站在利益的對立面，我們才變成互相傷害的敵人。

去年有一位年僅 25 歲的傅姓二房東，被爆出捲走了 30 多位租客的押金與租金一共 80 多萬，然後人間蒸發。他不是我的學員，但是我曾經與他交手，是一個有才華的青年，我不知道他發生了什麼樣的困難導致需要做出這樣的決定，但是，嘿，相信我，80 萬很快就賺到了，一點也不是什麼大錢，完全沒必要賠掉自己一輩子的信用，揹上了詐欺的刑事罪名，一輩子翻不了身。

◆ 因為自由，必須自律 ◆

全職包租公看似快活神仙，但要能流暢地管理數十間公寓，需要高效的「時間管理能力」以及絕佳的「溝通能力」，因為自

由，更需要「自律」，知道何時、何地該做什麼事，明白察言觀色與進退分寸。想練出結實的肌肉，背後的付出一定是極為嚴謹的自律，任何一位出色的創業家，一定不可能懶散，還要八面玲瓏知道去哪裡尋找資源來解決問題。自律而積極，正向和快樂，但是不需要雞婆去處理太多他人的生活，要相信租客都有處理自身問題的能力，你有你的生活，也不是隨傳隨到的小幫傭。

◆ 擁有人生的主導權 ◆

當包租變成了職業，也許實際的生活場景和你當初想像的並不一樣，它不會是整天翹腳沒事做，也不會是躺著就有租金收入，而是一分耕耘一分收穫，收入高低完全取決於投入的深淺，只是比起上班，包租生活擁有完全的人生主導權，自己決定時間的分配、自己決定誰才是生命中重要之人、事、物。在經濟穩定的情況下，過著對自己最有意義和價值的生活，才不會為了錢而妥協，做出不智的決定，追求這種身心靈的自由，才是二房東創業的核心精神。

◆ 把自己當成企業經營 ◆

　　成功的包租人士不但對於時間管理自律，還要對「金錢管理」自律。我有一位朋友，管理30多間公寓，一次聊天中向我提到最近現金軋不過來，他跟親友借了一筆週轉金才勉強度過難關，我驚訝地問到：「怎麼會呢，你的公寓不是都滿租嗎？」他說：「不知道呀！我平常沒在看帳，只知道上個月剛好一大堆租客在同個時間租約到期退租，忽然要拿出好多錢退押金，才發現戶頭錢不夠，我的錢都不知道花到哪裡去了，你沒有這樣過嗎？」我回答：「我從來不曾也不會容許自己發生這樣的事情，因為我每個月都會檢查一次自己的財務報表，尤其是『現金流量表』，確認在可預期的租客退租時間，我有足夠的現金處理退款，同時預留緊急預備金。」

　　「不看帳」是一種可怕的習慣，想要變有錢，必須時時將自己的財務狀況當作一間企業來經營，企業要看三種帳：「損益表」、「資產負債表」、「現金流量表」，放在包租公身上來說：損益表用來評估物件的獲利能力，資產負債表用來評估做完案子最後到底有沒有為自己增加財富，而現金流量表用來預估未來所需的現金並提醒自己預留一定的現金水位。只知道衝出去簽一堆

案子回來做，卻沒有搭配財務計畫，最後很可能發現租客來去一場空，白忙一場根本沒有賺到錢，所以要當一個精明的包租公，財務管理也是必備技能之一。

最後，要長遠從事包租行業，「你自己」就是最好的品牌，品牌的意義不是畫一個 LOGO、開一個粉專，而是堅守初衷，用滿滿的誠意做好每一間房子，累積自己的作品，累積自己的粉絲，不需要在意別人的成果，也無需擔心沒有物件，好的人、好的事、好的物，都會向你靠近。

04

包租心法

　　租房管理說到底，是一門「識人」的學問，身為二房東，看「屋主」準不準、看「租客」轉不準、看「自己」準不準，都會影響最後成敗。看屋主不準，經營的過程不停被找麻煩；看租客不準，欠租難搞當媽寶；看自己不準，不了解自己的天賦或擅長領域，就會把精力花在沒有成效的地方。

◆ 相信直覺不將就 ◆

　　我認為所謂的「管理學」，不論是管理一家企業還是管理出租公寓，「會不會看人」比所有制定的規則都重要，懂得制定縝密的合約條款、熟練背誦管理守則101，都不如火眼金睛看穿人心。常常有學員拿著合約問我：「老師，這是屋主出的合約，其中有哪幾條我覺得好像怪怪的，不是很合理，你覺得可以簽嗎？」

或者：「老師，有一個租客來看房的時候眼神飄來飄去，問他問題也不是很愛回答，可是付錢又很乾脆，你覺得該租給他嗎？」其實提出這些問題之時，問者心中已有答案矣，只不過希望尋求雙重確認，因為直覺告訴自己不太對勁。這時我的回答都是：「不要簽下任何一個你覺得在溝通過程中不舒服的案子，即使只有一點點，不要忽視那個直覺，要跟隨自己內心的聲音。」

　　我重視初次見面對談時的主觀感受，評估對方與自己是否投緣、是否有相同的價值觀，如果直覺告訴我「哪裡怪怪的」，代表對方並不是能與我長期共事的對象，甚至可能帶來隱患。

　　我曾經因為貪圖合作的好處，儘管從一開始與對方相處就覺得不舒服，卻選擇忽視直覺，沒有多久對方就因為利益衝突與我惡言相向，貪婪本性毫不遮掩；因為太想要簽下一間房子，即使屋主提出霸王條款，卻隱忍相讓，沒多久對方就得寸進尺，提出更無理的要求。這樣的經驗屢試不爽，記取教訓後，我決定嚴格遵守「相信直覺」的定律。對於不信任的屋主，我不會簽下這個物件；對於感覺有異的租客，我不會將房子租給他；對於相處並不舒服的朋友，我不會選擇合作。

　　「相信直覺」是對我一直有效的哲學，我不只將它應用在判斷屋主、判斷租客，也應用在每一個與人合作的情境。

曾經有一位屋主，在看房現場初次見面時，聽到我是要將他的房子轉租，非常的抗拒，還沒有上樓就把我趕走，抱怨道：「早知道是二房東我就不會浪費時間過來了！」我還是禮貌性地把名片遞給他。沒想到，當天晚上他又私訊我：「我看了你的粉專，原來你是會重新裝修房子喔？我老公可能對你有點誤會，如果是這樣，看什麼時間可以再過來一趟看看房子？」這對屋主夫妻透過我在網路上分享的改造案例，還有粉專經營的內容，理解了我們是正派經營的包租業者，而且還會幫屋主免費裝修房子，態度就一百八十度的轉變。

　　看房的過程很順利，屋主各方面都非常願意配合，也詢問了關於我們怎麼做租客篩選，相談非常愉快，房子的格局、採光條件都非常好，唯一的缺點就是有好幾個房間的牆壁都有大面積的滲水，由於房子三面都是迎風面，又是頂樓，外牆的防水層老舊已經產生裂縫，頂樓的排水也有一些堵塞現象，所以每逢下雨就會滲水到樓下來，屋主已經苦惱很長一段時間，如果要全部修復，會是一筆要將近 20 萬的花費，因此他遲遲沒能下決心處理，而房子在漏水之前一直都是出租，情況越來越嚴重之後，原先的租客到期便不再續約，重新招租的話，一般租客也沒有能力處理，於是便閒置了一段時間。由於屋主的租金開價並不高，我也看出

屋主的煩惱，算了算投報率，我願意幫屋主承擔一半的費用，負責修復室內的防水部分，而屋主只要負責外牆防水的部分，這會是雙方都比較能接受的方案。另外，也提醒了屋主如果把房子委託給像我們這樣合法立案的包租代管公司，是需要申報所得稅的。屋主都答應了，我們也很順利地約定了簽約的時間。

　　沒想到，簽約當天，屋主卻推翻了先前所有的約定。他忽然改口：「我覺得外牆防水還是要由你們來幫我出。」我心裡其實是有點不開心的，覺得對方言而無信，但是看在投報率還可以的份上，我又做出了讓步，願意再幫屋主出 2 萬 5 千元處理外牆防水；接下來，屋主又像是忽然想到什麼：「對了，租約到期之後，你們所有的家具家電都要留下來給我哦！這可以吧？」到這裡其實我已經開始感到不耐了，事實上幾年後家具家電都已經折舊，留下來給屋主沒有不可以，但這是我第一次遇到屋主在一開始就主動開口要求，顯然他是有一些計畫的。到這一步，我還是隱忍了下來，不過心裡已經開始擔心：「今天他可以忽然想到什麼就要求什麼，甚至推翻之前的承諾，將來如果真的成為房東，是不是會讓他予取予求？」當我心裡默默閃過一大堆 OS 時，屋主又開口了：「我希望稅賦的部分可以改成如果因為出租造成我的稅賦增加，你們要幫我出這個錢。」是可忍孰不可忍，到這裡我真

的怒火中燒了：「房東先生很抱歉，這部分我們已經跟律師反覆討論過非常多次了，沒有任何一種方式可以合法規避該繳的稅，所以這是不可能也不合法的事，我沒有辦法同意。」我決定放下，不簽這個房子了，我認為剛剛心裡的那些 OS 在未來很可能都會發生，他的貪得無厭令我反感，就算全部的條件都答應了，我也不認為將來的經營能夠順利。

在這個案子裡，屋主好似發現了金礦，有這樣一個願意幫他修這個修那個的公司，就可以肆無忌憚地予取予求，最後我丟下一句：「沒關係如果您有這麼多顧慮，我們今天就不要急著簽約吧，不如您先找師傅來把漏水修理好，我們之後再來看看怎麼樣。」我便起身離開了。幾天後，這位屋主還是不斷訊息、來電請我再考慮看看、凡事好商量等等，我都冷處理。我相信將來要能夠經營順利、讓自己賺到錢，「好屋主」比「好房子」重要，屋主的人品不好，就算房子條件再好、投報率再高，都是讓自己涉險，不知道哪一天會出事而已；屋況不好、但是屋主人品好，卻可以經由協商溝通，一起來把事情處理好，這才能雙贏。

不買房當房東

◆ 錢要投資在自己能掌握的事業裡 ◆

　　我也曾經受到利益的誘惑，不理會我不安的直覺，說服自己「投資都是這樣的」，把錢交給了別人，期待可以不費力氣地就賺到錢，結果一毛錢也沒拿回來，以下就是血淋淋的例子。

　　幾年前有一位同行找上我，說他簽下了一個整棟式的物件，條件談得非常好，不過裝修成本比較高，邀請我一起合資，由他來全權負責所有的勞動，包括設計、裝修、招租、管理，我只要分紅就好。提案很吸引人，我評估了投報率確實也很漂亮，唯獨有一件事令我有點在意：他是和二房東簽訂的租約，不是和屋主，所以接手的話，我們其實是三房東的角色，這情況有點複雜，我腦海不禁閃過一絲擔憂，不過由於二房東是簽下整棟，保留了一樓的店面另外招租，分租給我們的是 2～5 樓，這樣的情況其實蠻普遍的，加上合約有經過公證，於是我也就放下了這件事。裝修工程開始進行，幾個月後我詢問了進度，這位朋友告訴我遇到了一點電力的問題，被斷電了，現在正在處理，要我別擔心，很快就會復工。

　　半年過去了，我仍然沒有收到消息，這時他說：「記得之前斷電的事情嗎？因為那個二房東在外牆做的大型 LED 廣告看板，

違規被檢舉拆除了，斷電就是因為 LED 用電量異常造成的，現在那個二房東好像跑路了，他已經好幾個月沒有繳租金給屋主了，所以屋主找上我，要求要收回房子。我也很無辜啊！隔間都做一半了，現在整個工地都是材料，卻又不敢動，唉，我很倒楣啦！不過你放心，因為合約有公證，屋主就算告我，我也不會輸的，因為我也是受害者，你的錢一定拿得回來，別擔心，只是要再給我一點時間。」

我就這麼等了兩年，期間斷斷續續聽他更新了訴訟官司的進度，最後判他贏，二房東要賠償屋主和我們幾百萬，又說，那個二房東已經脫產了，根本沒有財產可以強制執行，所以贏了也沒有錢可以拿回來。我的這位朋友究竟有沒有拿到賠償，我無從得知真相，我只知道他隔三差五就說他一定會還我錢，但始終都只是說說，最後我找律師發起了調解，他簽下了和解書，說好按月分期償還，我不追究利息，但也只還了二期就人間蒸發。

在這個事件裡，我曾經有選擇，也曾經意識到風險，但是在利益的面前，我選擇了「忽視直覺」，完全驗證了「墨菲定律」。把錢交給別人「幫你投資」，本身就是一個危險的想法，因為所有的合作案，成事在「人」、敗也在「人」，人心是深不可測的，我們沒有人天生就是壞人，卻會因為所處的立場不同、因為利益

衝突，產生想法的變化，今天我們還是朋友，明天忽然變成了互相傷害的敵人。合夥投資，幸運的話主事者自己的財務狀況良好，人品也好，案子順利賺錢就大家愉快，但是你無法控制的就是，這位主事者本身會不會突然哪天就因為槓桿開太大，現金軋不過來，只好把你的份也一起吞了呢？我深信只有磨亮自己的劍，把錢投資在自己專精又有能力全盤掌握的事業裡，才不會被騙了你還謝謝他。

◆ 懷抱熱情，不忘初心 ◆

包租不只是要把事情做好，更考驗看人的眼光是否精準，身為二房東，因為大量與屋主、租客、及工班師傅打交道，也許不致於需要八面玲瓏，但至少要能察言觀色。因為時間就是成本，處理「人」的情事，要「抓大放小」；處理「物」的情事，則要「掌握細節」；因為做這件事的目標是實現財務自主，在尚未抵達目的地的路上，必須過得簡約，當手上的現金開始有餘裕，不能揮霍，要持續投資並且精進技能，直到實現真正的財富自由。

在我所有學員裡，達成財務自主進而離開職場的，都是善良單純而懷抱夢想，不玩心計不與人計較；都是具有冒險的實驗精

神，理解機會成本的意義的；金錢價值觀都是對他人大方、對自己吝嗇的；不糾結於雞毛蒜皮，唯獨對作品堅守細節。

　　包租就像創業，路上是寂寞的，會有許多人誤解你、攻擊你，要學會泰然自若，養成強壯的心智；還要學會抵抗誘惑，在利益的面前，依舊腦袋清楚，不為貪念而喪失判斷力；更要有強大而堅定的意志力，不畏困難，不怕麻煩，才能在面臨管理上的諸多問題時，還能保持心情愉悅，繼續大步向前走。

二房東
合法嗎？

　　「現在個人還可以做二房東嗎？」這是 2018 年政府推出「租賃專法」之後學員最常問的問題，也有很多人問：「那我房間還可以分租給室友嗎？」

　　2018 年政府推出了《租賃住宅市場發展及管理條例》，簡稱租賃專法，明定了對於「包租及代管業者」的營業規定，希望租屋市場能夠朝向企業化經營，而在整部租賃專法中，其實並沒有提到關於「個人」轉租行為的認定。在租賃專法推出之前，2017 年初消保會就已經施行了「房屋租賃定型化契約應記載及不得記載事項」來約束具有「消費關係」的租賃行為，所謂消費關係，就是契約的一方是企業、另一方是個人，如果不是消費關係，就不屬於消保會的管轄範圍。消保會也對於「企業化經營的房東」做出了定義：「只要反覆實施出租行為、非屬偶一為之，

並以出租為業者，不論是公司、團體或個人，也不論出租戶數」都應該屬於企業化經營的房東，租賃專法則承襲了這個概念，進一步再推出「個人房東」適用的「住宅租賃契約應約定及不得約定事項」，用來區別「職業包租公」與「偶一為之的個人房東」。

二房東的轉租行為也是出租的一種，所以同樣被納入「職業包租公」還是「偶一為之的轉租行為」討論，因此二房東能不能算合法，關鍵在於「職業化」還是「非職業化」的認定。按照《民法》，個人承租房子後經屋主同意轉租，是沒有問題的，沒有違法疑慮，所以如果是偶一為之，租了房子結果因為工作搬遷，在租期未滿之前將房子轉租，是不會被認定職業化操作的，但如果是「租了很多房子都轉租」、或是「租了房子結果刻意經營並反覆出租」，就會被認定是企業化經營的職業包租公了，一旦被認定為職業包租公，就需要按照租賃專法的要求，來成立包租代管公司，否則便是非法營業，可能遭受最高 20 萬的罰款。

政府鼓勵把房子委託給專業包租代管公司的原因是希望減少租房糾紛，讓租房管理更加規範化、透明化，降低個人房東因為對於法規不熟悉、對於修繕沒有資源、對於管理沒有經驗所造成的糾紛危機。既然政府鼓勵房屋給包租公司轉租，自然不會是為了消滅二房東所以制定專法，而是希望原先已經存在市場已久的

個人二房東行為，轉為公司化經營，或者「進入公司體制內」，來達到更好的規範效果。

難道出租幾間房子就要成立公司嗎？也不必然。在經營規模尚小的情況下開設公司，並不符合經濟效益，而且包租代管為特許行業，租賃專法對其設立了比一般行業更高的進入門檻，除了按照公司設立的一般流程，還需要在指定的全國聯合會存放 15 萬起的保證金，也必須加入營業地當地的包租代管公會，繳交入會費和年費，整體來說，第一年就需要投入 25 ～ 30 萬的起步成本，如果沒有到一定的規模，只管理幾間房子就成立公司，根本不划算。

舉例來說，一位 Uber 司機如果想要合法執業，不可能就自己開一間計程車行，完全不現實，所以 Uber 司機怎麼合法呢？就是找到一間合法立案的計程車行，繳交規費後，就可以「靠行」來合法執業了。

因而個人二房東如果不成立自己的包租代管公司，要合法執業的途徑也是「靠行」加入已經合法立案的包租代管公司，這與 Uber 司機合法化的過程相同，在經過 Uber 司機究竟如何在台灣合法執業的一連串爭吵後，最終雙贏的結果便是加盟既有的計程車行，也就是租車行業存在已久並由政府認可的合法靠行制度，

未來的二房東，也勢必往這個方向前進。

　　政府也推出了「租賃住宅管理人員」的證照考試，這張證照用於開辦包租代管公司，因為租賃專法要求合法立案的包租代管公司需要「聘僱至少一名」具有此證照的員工，但並非要求每一位員工都需要具備此證照，只是如果是想要靠行的個人二房東，包租代管公司評估的標準也會依照證照所要求需要具備的知識和技能。

　　所以個人二房東雖然不一定需要考取證照也能透過靠行方式來執業，但是作為租賃住宅管理人員，相關技能和法律知識還是必備的。而目前有能力又願意提供靠行的包租代管公司屈指可數，因為靠行意味著物件未來所有的經營風險是由公司來承擔，而且公司需要對於法律風險及制度設計有非常深入的理解，否則只會引發更多糾紛。

　　台灣的包租代管發展要比中國慢 4 ～ 5 年的時間，我在上海經營品牌公寓之時就已經經歷過類似的過程，中國政府對於經營包租的身分也有相關證照要求，所以每當政府又風聲鶴唳說要清查非法營業，身為租房一線品牌的我們就會收到大批的「難民」前來求助，這些難民不是租客，而是個人二房東，這些個人身分的二房東為了能夠合法執業，需要我們來提供保護傘，「認證」

他的房子屬於公司旗下的品牌公寓，就能得到緩衝改善期，這個認證的過程類似「加盟」制度，也就是靠行制度，個人透過靠行制度加盟包租代管公司後，並且配合包租代管公司依法規執行租房管理與相關申報作業，就可以合法執業。

　　台灣目前面臨的情況類似，政府的目的是希望將個人納入公司管理，對於政府來說也比較輕鬆，只要管理大公司，不需要管理這些「散戶」，這才是租賃專法的立意。所以對於個人二房東來說，先正確理解什麼叫做「職業二房東」、什麼叫做「偶一為之」，這會是合法還是非法的關鍵評估標準；進一步，如果想要擴大業務持續在這個行業深耕，學習好關於包租的一切法律知識和實務技能，透過靠行、自己成立包租代管公司都是合法執業的選擇。

06

城市裡的寂寞，
每個人都應該體驗共居

　　一個有室友的居所，就像擁有家人，拖著一身疲憊回到家時，有笑臉迎接著你；當失意傷心時，有人接住你；當生病倒下時，不會無所依靠；就算碰到最害怕的蟑螂，也能大叫一聲有人護著你。獨居的城市生活雖然自由，但是總少了溫暖，總要開著電視、聽著節目，才能感覺不寂寞，假裝房子裡有著熱鬧。

　　如果你為城市裡的高昂租金所苦，那麼你更應該共居。共居的共享經濟，不只分攤你的租金，還分攤一切你的生活開銷，買菜可以一起分攤伙食費，比一個人吃更節省；買電器可以一起分攤，每個人都有用得上的時候；代收垃圾的費用可以一起分攤，因為一個人的時候可能負擔不起。為租金苦惱的人不應該獨居，讓自己的生活品質陷入絕境，共享生活帶來的美好不只是金錢的

節省，還提供了更舒適的生活空間，更像家，讓人覺得無論城市的生存壓力如何巨大，都保有生活的尊嚴與追求自我的慾望。

如果你第一次離家，你也應該共居。共居生活磨練人與人之間相處之道，和社會人士的相處之道，有別於求學時期的學生宿舍經驗，我們會在個性成熟的室友身上學到如何與世界相處，會在不成熟的室友身上學到父母是如何將自己養育得好，對待不圓滑的他人又有什麼樣提高自己心智的可能，室友相處的美好經驗與不好回憶，都能比獨居自處時的自己來得更有啟發。

我已邁入四十之齡，我依然共居，經常流轉在自己親手改造的公寓裡，每一次的搬家，認識一輪又一輪新的室友，有些成為了生命裡舉足輕重的好夥伴，不似職場裡的競爭關係，室友之間的單純情誼，反而比同事更能深入人心，更為長久。

因為改造公寓，因為喜歡遊牧其間，我結交了比上班那段時期更多、更深的朋友，這是比金錢收穫更為彌足珍貴之事，這是我熱愛舊屋改造、享受共居生活的原因。找到志同道合的室友，一起發展出最喜愛的生活樣貌、彼此相處最舒服的狀態，就是一個人在異鄉打拼最美好的生存方式。

我也曾住過套房，以為自己沒有其他選項，回想起來，心是寂寞的。怕蟑螂的我半夜被嚇得奪門而出，求助無門的那種心酸，

現在想起依舊感傷，所有事情只有自己面對，生活與工作上要勇敢的事情那麼多，而勇氣在對抗工作與金錢的壓力就已經消耗殆盡了，那回家可不可以不那麼勇敢呢？

我也曾經租住過一整層的高級電梯公寓，看起來光鮮亮麗，每回看著薪水一入帳就交出大半，心是空虛的。家裡好高級，我離有錢的生活卻原來越遠，漂亮的生活場景並沒有填滿我心靈或荷包的任何一項，荷包越來越瘦，心也越來越慌。我們到底應該崇尚這種表面的美好，還是解除金錢的焦慮更重要呢？

直到展開共居生活，那些寂寞的、空虛的、對金錢的不安全感，全都消失殆盡。共享生活帶來更豐富的生活內涵，更溫暖的人際關係，還同時解除了經濟危機，我再也不需要為了什麼面子死撐著每個月燒錢在租房子了，我的租金支出降到前所未有的低，而看著戶頭裡的存款越來越多，這時所有的表面的、虛榮的、浮誇的追求都一掃而空，心是明亮的，透明而純粹，人生的意義這時越發動人，追求的目標越加清晰，我要共居生活帶來的財務體質翻轉，不要孤獨而窮困的活。

無論你是否把包租代管作為你增加收入的手段，即便只是為了自己的生活夢想，我都鼓勵你應該要體驗共居生活，一定會打開你全新的人生視野。

前陣子，媒體爆出有位年輕二房東，將租客的押金捲款潛逃後人間蒸發，現被多名租客提告詐欺；日前也有認識的同行，接連被租客公開投訴，除了公寓管理不善，退租之後的押金返還也拖拖拉拉，租客甚至接獲由屋主委託律師發出的存證函，表示二房東長期欠租未繳，已經與其解除租賃關係，要求租客搬走返還房屋。又近日，幾位年輕人共同創辦的整棟式公寓，因財務問題退出經營，在管理人易手的過程中，未能妥善處理租客權益，風暴如雪球般越滾越大，除了租客受傷的情緒，也損及公寓品牌名聲。

　　我也曾有幾位學員，在執行的過程中忽略與屋主溝通裝修計畫的重要性、或者沒有取得轉租同意，導致後來與屋主發生糾紛，除了自己賠掉裝修費，還連累了無辜的租客，最終不歡而散。

　　聽到以上的事情，我內心的感受是很複雜的。身為同業，戰戰兢兢，時刻提醒自己不忘初衷，關注服務流程，掌握細節；身為導師，儘管耳提面命，提醒學員務必參照標準流程合法操作，

卻仍不免有人疏忽大意。

　　輕資產包租是一個需要面面俱到的複雜學問，不僅面對租客，也要面對屋主，當中涉及溝通藝術、財務評估、裝修知識、管理技巧、法務基礎，環環相扣，任何一個部分的疏失，都有可能導致整個案子的失敗，而當中還牽連了屋主與租客的權益。

　　二房東存在市場幾十年，並不是什麼新鮮的職業，只是隨著租房環境的變化，租客對於生活品質與租房需求不斷進化，經營房地產的方法也必須與時俱進，直到 2017 年末，政府才回應民意推出租賃專法，推動二房東職業化，即所謂「包租代管」這樣的新興產業。

　　在上海管理公寓的經驗中，曾經遇過和屋主老公簽約，兩年後太太跑來公司大吵大鬧，宣稱房子共同持有，現在他們要離婚，要求收回房子清空租客；遇過租客欠租，卻帶著律師朋友坐在公司裡睜眼說瞎話地宣稱自己的權益；也遇過突然的暴風雪一夜急凍，次日回暖全城水管爆裂，數十套經營的公寓淹大水，我們花了一個多月才妥善處理維修和賠償事宜。

　　儘管在中國有豐富的公寓改造出租經驗，兩岸的文化、裝修法規與成本有極大的差異，因而經驗不能完全移植，在許多方面需要歸零重新開始。2016 年我回台灣改造的第一間三房公寓，裝

修成本超過 50 萬，做了許多我認為能夠提高居住體驗的軟硬體工程，後來發現，租客並不全都在意。到了第二、第三、第四間，慢慢調整了服務的內容還有硬體設施，才總結出完美平衡投報率與租客體驗的方法，什麼樣體質的房子可以做、什麼樣的不能，裝修成本哪些可以省、哪些不能，翻修一間 30 坪舊公寓，如何控制在 30 萬。

　　一路跌跌撞撞，才有了這些經驗的總結，做成系統化的方法和步驟，讓學員不必走彎路，能夠最短時間成就收租事業，更快累積資本，教課對我而言，則是最快實現改善租房市場的方式。

　　然而我只能保證我自己經營的品牌公寓符合社會期待，卻不能保證每一位學員都和我一樣謹小慎微，更不能主張每一位同業都是我教出來的，符合我的操作規範。有許多人在注意到市場價值之後，只是憑著發表在網路上招租的幾張照片，就想像事情很簡單，隨便簽了一間房子放放佈置品就跟著當起二房東，卻不知一間要能成功經營的出租房，是多少細節堆疊出來的，又隱藏了多少的潛在風險。也有原先從事買賣的投資客，並不和我一樣抱持對於改善租房環境的初衷，只關注投報率數字，加入了戰場卻不關心一份妥當的轉租合約應該如何簽訂；甚至有公司盜用了我的制式合約版本，卻不知如何向對方說明權利義務。

舊屋改造的包租模式在台灣是一個非常新的行業，過去習慣買房包租的經驗不相符合、仲介的代租管經驗亦不合用，所有人都在學習，而這個學習過程，難免有人跌倒失誤，難免混入動機並不單純的投機份子，而這都是一個改革當中去蕪存菁的必要過程，做錯事的會再修正，不良善的會被淘汰，我們都參與了一起讓它變得更好的歷史過程。

　　而在這過程裡，其實有方法可以做得更好更快，以前車之鑑，提醒所有對包租事業有興趣的人，不要低估執行細節還有法律層面可能帶來的風險，這份事業要能細水長流，並非只是把房子改造得漂漂亮亮這麼簡單，如果不是親身試錯，就要虛心學習，而後者顯然是更快更安全的一條路，我以自己的心酸血淚史分享，期許和所有人一起共勉之。

更多輕資產包租房屋改造分享／

改造前

改造後

更多輕資產包租房屋改造分享／

更多輕資產包租房屋改造分享／

改造前

改造後

更多輕資產包租房屋改造分享／

改造前

改造後

學員練習設定租客畫像／

實戰班課程中租客畫像的訓練

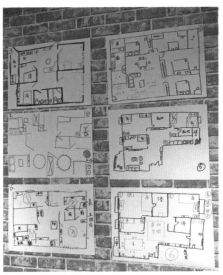

針對不同客群規劃空間配置

共生公寓的精華在於舒適寬敞
的公共空間

室友彼此組織同好交流活動

不買房當房東

輕資產包租，建立可愛的第二收入，
年投報率 40%！

作　　者 —— Tody 陶迪
設　　計 —— 張巖
主　　編 —— 楊淑媚
校　　對 —— Tody 陶迪、楊淑媚
行銷企劃 —— 謝儀方

總編輯 —— 梁芳春
董事長 —— 趙政岷
出版者 —— 時報文化出版企業股份有限公司
　　　　　108019 台北市和平西路三段二四○號七樓
發行專線 ——（02）2306-6842
讀者服務專線 —— 0800-231-705、（02）2304-7103
讀者服務傳真 ——（02）2304-6858
郵撥 —— 19344724 時報文化出版公司
信箱 —— 10899 臺北華江橋郵局第 99 信箱
時報悅讀網 —— http://www.readingtimes.com.tw
電子郵件信箱 —— yoho@readingtimes.com.tw
法律顧問 —— 理律法律事務所　陳長文律師、李念祖律師
印刷 —— 和楹印刷有限公司
初版一刷 —— 2021 年 6 月 11 日
初版十一刷 —— 2024 年 8 月 8 日
定價 —— 新台幣 380 元

不買房當房東 / Tody 作 . -- 初版 . -- 臺北市：時報文化出版企業
股份有限公司, 2021.06 面；　公分
ISBN 978-957-13-9076-5(平裝)
1. 不動產業 2. 租賃 3. 投資
554.89　　　　　　　　　　　　　　　　110008430

時報文化出版公司成立於一九七五年，並於一九九九年股票上櫃公開發行，於二○○八年脫離中時集團非屬旺中，以「尊重智慧與創意的文化事業」為信念。